스토리텔링 디지털 AI 학교자율시간

송해남 · 전혜린 · 김태령 · 이정원 공저 │ 권성희 감수

(주)광문각출판미디어
www.kwangmoonkag.co.kr

머리말

전쟁 이후 우리나라의 많은 산이 민둥산이 되었던 적이 있습니다. 이를 해결하기 위해서 정부 주도로 산림녹화 사업을 진행했었고 번식력이 강한 아까시나무, 소나무 등을 많이 심었습니다. 현재 지금의 우리 산은 대부분 푸른색을 띠고 있습니다. 이제 더 이상 국가 주도의 녹지 사업은 진행하지 않지만, 각 지자체는 각 지역의 특성과 경관에 맞게 다양한 꽃을 심어 축제를 진행하기도 합니다. 그렇기에 지금 우리는 지역마다 다채로운 꽃 축제를 즐길 수 있게 되었습니다.

우리나라의 교육과정 역시, 광복 이후 긴급하게 만든 교육과정부터 시작하여 제1차~제7차를 거쳐 현재의 수시 개정 체제에 이르기까지 수많은 교육과정의 변천을 이루었습니다. 교육과정은 구체적인 교육 계획이자 국가 미래에 대한 치열한 고민의 산물이고, 정부 주도의 교육을 통해 국가의 발전을 이루고자 하는 노력은 현재의 우리나라를 만들어 냈습니다.

그러나 시대 변화에 따라 추구하는 인재상 역시 달라졌습니다. 산업화 규격의 인재에서 다양성과 창의성을 중심으로 하는 인재를 필요로 하게 되었고, 특히 다른 나라에 비해 교육과정의 구속력이 상당한 우리나라에서는 다양성에 걸맞은 인재를 기르기 위한 정책들을 수립했습니다.

지역 교육과정, 학교 교육과정, 교사 교육과정은 모두 그러한 시대적 요구 아래에서 교육계에서 합의된 단어들입니다. 교육과정을 구체화하고 학생의 교육적 필요를 더욱 세심하게 반영하고자 하며, 특히 교사 개인이 교육과정의 주체로 자리매김할 수 있게끔 돕는 방법이었습니다. 이러한 교육과정의 자율화, 분권화는 교육 환경의 변화에 적극적으로 대응할 수 있는 방법이고 교육 주체들의 전문성과 주도성(agency)을 중심으로 상호 협력 체제를 만들고자 하는 노력입니다.

2022 개정 교육과정에서는 이러한 방향에 따라 '학교자율시간'을 체제화하였습니다.

이 학교자율시간은 교사가 교육의 최전선에서 학생들의 미래의 핵심 인재로 키울 수 있는 역량을 계발하는 가장 소중한 기회입니다. 끊임없이 변화하고 예측 불가능한 미래를 대비하는 우리 학생들에게 단순히 지식을 암기하는 것이 아닌 스스로 질문하고, 탐구하고, 문제를 해결할 수 있도록, 또 협력하고 소통하고 창의적인 아이디어를 만들며 꿈과 끼를 펼치는 장이 될 것입니다.

국가의 미래는 교육에 달려 있다고 해도 과언이 아닙니다. 과거 구소련은 러시아(1917) 혁명으로 과학 기술을 중요하게 다룬 이후 50년이 채 되지 않아 달에 도달하였고, 일본은 메이지 유신에서 초등 교육을 의무화한 이후 30년 뒤에 아시아에서 유일하게 열강들과 경쟁하는 나라가 되었습니다. 또 핀란드는 낙후된 나라에서 평등 교육을 실시한 지 30년 만에 교육강국을 이룬 동시에 글로벌 IT 기업들을 키워낼 수 있었습니다. 더 나아가, 미국의 1960년대 반문화 운동을 주도하던 세대는 1990년대 실리콘밸리에서 혁신적 기업을 창업하는 주 계층이 되었습니다. 같은 원리로, 인구의 급격한 감소와 함께 변화하는 시대를 맞이하는 지금, 30년, 50년 뒤의 대한민국을 위해서 우리 아이들의 핵심 역량을 간절하게 키워나가야 하는 것이 우리 교사들의 사명일 것입니다.

그러나 우리 교사들에게도 새로운 교육과정의 변화는 늘 도전이기도 합니다. 우리가 받았던 교육과 현재 진행되고 있는 교육을 넘어서서 새로운 것을 현장에 도입하는 일은 늘 쉽지 않은 일입니다. 3차 산업사회에 태어나서 4차 산업혁명을 대비하는 학생을 길러야 하는 우리들 입장에서는 더욱더 그렇게 느낄 수밖에 없을 것입니다. 이 책은 그러한 어려움을 함께 겪고 있는 동료 교사분들을 위해 제작되었습니다. 학교자율시간이라는 큰 파도 속에서 방파제 속 작은 테트라포드와 같은 역할을 함께해 나가면서 미래를 위한 교육과정의 한 예시를 만들고자 했습니다. 그중에서도 저희가 가장 잘하는 방식인 노벨 엔지니어링을 수업에 도입하였습니다. 노벨 엔지니어링은 STAEM 융합 수업의 갈래로 책을 읽고 문제를 해결한 후 이야기를 바꾸어 쓰는 방식입니다. 이야기의 힘을 빌어 학생들에게 자신의 문제로 깊이 공감하도록 하고, 이로부터 치열하게 해결책을 고민하도록 하여 내면화하는 방식을 선택한 거지요. 학교자율시간이 단순히 새로운 주제가 아닌 학생들의 삶과 앎에 통합되도록 하기 위함입니다. 물론 상황이 여의치 않아 온 책 읽기로 시작하지 못한다고 하더라도, 활동 하나하나가 의미 있도록 구성하였으니 아이디어의 상태로 얼마든지 적용하셔도 좋습니다.

무엇보다도 교사 공동체와 협력이 중요한 지금, 함께 협력해 나가고자 합니다. 이 책에 담긴 아이디어를 동료 교사 또는 학생들과 논의하며 지역적, 시대적, 상황적 요구와 가장 걸맞은 방식으로 적용해 나간다면 저희는 가장 만족스러울 듯합니다. 미래 교육을 위해 함께 작은 걸음을 내디디며 변화를 만들어 가길 소망합니다.

목차

3장
디지털 세상 속으로　　　　75

4장
열두 살, 나의 진로　119

5장
SW·AI와 함께 떠나는 디지털 여행　　157

1장

학교자율시간이란?

1-1. 2022 개정 교육과정과 학교자율시간 설계 ·················

학교자율시간을 이해하기 위해 먼저 2022 개정 교육과정을 톺아볼 것이다.[1] 2022 개정 교육과정은 미래 사회의 변화에 대응하기 위한 여러 가지 변화를 추구하고 있다.

첫째, 학습자 주도성(Learner Agency)를 강조하고 있다.

미래 사회의 변화는 불확실하며 예측이 어렵다. 예를 들어, AI의 발달은 걷잡을 수 없이 빠른 사회 변화를 불러오고 있으며, 코로나-19 팬데믹은 환경 오염을 가속시키는 결과를 낳았다. 이렇듯 디지털 대전환, 사회 구조의 변화, 기후 변화에 의한 사회 문제는 단편적인 암기형 학습으로는 대응하기가 어려울 것이다. 이에 2022 개정 교육과정의 핵심 인재상을 '포용성과 창의성을 갖춘 주도적인 사람'으로 명명하고 있다. 이러한 변화는 OECD 학습 나침반이 추구하는 방향과 일맥상통하다.

둘째, 학습자 개개인의 특성을 반영하는 맞춤형 교육을 추구하고 있다.

학습자 각각의 특성을 고려한 개별화 교육이 이루어질 때, 미래 사회에 대응하기 위한 학습자 주도성을 기를 수 있지 않을까? 이에 진로 연계 교육을 강화하고 고교학점제 등을 도입하고 있는데, 초·중등 교육 역시 학습자의 특성과 학교 여건에 부합하는 교육과정을 강조하는 것이다. 즉 교육과정 자율화를 강조하여 학교, 교사, 학부모 등 교육의 주체에 의해 '만들어 나가는 교육과정'으로의 전환을 핵심으로 하고 있다.

셋째, 디지털 소양을 기초 소양으로 명명하였다.

소양은 'Literacy'로 해석할 수 있는데, 이를 사전에 검색하면 '읽고 쓰는 능력'으로 정의된다. 과거 문자를 사용하는 것이 능력이던 시절의 반영인 것이다. 그렇다면 디지털 대전환 시대를 살아가는 현재, 학생들이 반드시 지녀야 하는 능력이 무엇일까? 2022 개정 교육과정은 언어, 수리, 디지털 소양을 기초 소양으로 강조하였는데, 이는 교과 학습을 포함하여 모든 유형의 학습이 이루어지기 위해서는 이 세 가지가 반드시 갖추어져야 한다는 뜻이다.

특히 우리가 집중할 것은 디지털 소양이다. 디지털 소양은 '다양한 디지털 도구와 기술을 사용하여 정보를 체계적으로 수집·분석·관리하고 소통하며 문제를 효과적으로 해결하는 능력'으로 정의된다. 언어와 수리 소양의 경우 초등교육에서 국어와 수학 교과로 존재하여 전 학년이 배우고 있지만, 디지털 소양의 경우 그렇지 않다. 실과 교과 내에서 특정 학년이 특정 시수로만 운영되기 때문이다. 그렇기에 디지털 소양을 기르기 위한 교육과정의 변화가 필요하다.

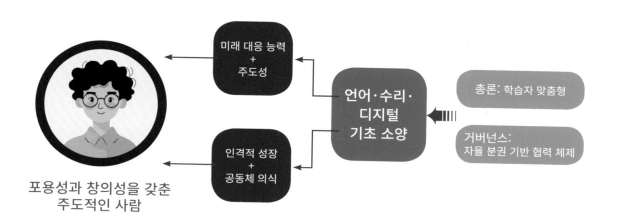

이러한 세 가지 주요 변화에 따라 도입된 것이 '학교자율시간'이다. 학교자율시간은 학생, 학부모, 교사 등의 교육 공동체의 의견을 수렴하여 지역과 학교의 여건에 부합하는 맞춤형 학습을 '설계'하는 교육과정이다. 여기서 '설계'라는 단어를 짚고 넘어가자. 2015 개정 교육과정에서는 보이지 않던 '설계'라는 단어를 2022 개정 교육과정의 총론의 목차에서부터 언급하여 수정하였다.

2015 개정 교육과정 목차	2022 개정 교육과정 목차
Ⅰ. 교육과정 구성의 방향	Ⅰ. 교육과정 구성의 방향
Ⅱ. 학교급별 교육과정 편성·운영의 기준	**Ⅱ. 학교 교육과정 설계와 운영**
Ⅲ. 학교 교육과정 편성·운영	Ⅲ. 학교급별 교육과정 편성·운영의 기준
Ⅳ. 학교 교육과정 지원	Ⅳ. 학교 교육과정 지원

여기서 의미하는 변화는 학교 교육과정의 '편성'을 넘어서 학습 경험을 종합적으로 제공하는 '설계'가 되어야 한다는 것이다. 더불어 앞서 언급한 '만들어 나가는 교육과정'을 추구함과 동시에, 교사는 교육과정을 단순히 실행하는 것이 아니라 교육과정을 디자인하는 설계자가 되어야 함을 강조하는 것이다. 이러한 학교자율시간을 통해 학생의 필요를 인식하고 학교 맞춤형 과목이나 활동을 개설할 수 있다.

2022 개정 교육과정 총론에서는 교과 통합형, 언어·수리·디지털 소양 강화형, 지역 연계형 등을 제시하고 있어, 앞서 언급한 디지털 소양을 위한 교과와 시수가 부족한 부분 또한 반영 가능하다. 이러한 학교자율시간을 통해 궁극적으로는 학습자 주도성과 미래 대응 능력을 기르는 것이 핵심 목표가 된다.

2022 개정 교육과정 총론 해설서 중 학교자율시간 톺아보기

3) 학교는 3~6학년별로 지역과 연계하거나 다양하고 특색 있는 교육과정 운영을 위해 학교자율시간을 편성·운영한다.

가) 학교자율시간을 활용하여 이 교육과정에 제시되어 있는 교과 외에 새로운 과목이나 활동을 개설할 수 있으며, 이 경우 시·도 교육감이 정하는 지침에 따라 사전에 필요한 절차를 거쳐야 한다.

나) 학교자율시간에 운영하는 과목과 활동의 내용은 **지역과 학교의 여건 및 학생의 필요에 따라 학교가 결정하되, 다양한 과목과 활동으로 개설하여 운영**한다.

다) 학교자율시간은 학교 여건에 따라 **연간 34주를 기준으로 한 교과별 및 창의적 체험활동 수업 시간의 학기별 1주의 수업 시간을 확보하여 운영**한다.

▶ 편성·운영

학교는 학교자율시간을 반드시 편성·운영해야 하며, 운영 학년·학기에 관한 사항은 학교장이 시·도 교육청 지침에 따라 결정한다. 학교에서는 국가 교육과정에 제시되어 있는 교과 외에 새로운 과목이나 활동을 개설한다. 새로운 과목이나 활동은 관련 교과(군)에 편성하며, 이때 **해당 교과(군)는 20% 범위 내에서 시수를 증감하여 편성·운영**할 수 있다. 단, **체육, 예술(음악/미술) 교과는 기준 수업 시수를 감축하여 편성·운영할 수 없다.** 또한, 새로운 과목이나 활동을 개설할 때 세부 절차와 방법은 시·도 교육감이 정하는 지침에 따른다. **'과목'으로 개설할 경우 평가는 편성된 교과(군)에 준하여 시·도 교육청의 학업성적관리시행지침에 따라 실시**한다.

▶ 활동 및 과목 개설

학교자율시간에 개설되는 과목이나 활동의 내용은 **학생의 필요와 지역 및 학교의 여건에 따라 학교가 결정**하며, 학교는 여러 활동이나 과목을 개설하여 운영할 수 있다. 학교자율시간의 과목이나 활동은 **교과 통합형, 언어·수리·디지털 소양 강화형, 지역 연계형 등** 다양한 형태로 구성할 수 있다. 또한, 과목이나 활동 개설 시 학교 교육과정의 편성·운영 설문, 학년(교과)군 협의회 등 교육공동체의 민주적 협의 과정을 거쳐 내용 및 절차의 타당성과 완성도를 확보하기 위해 노력해야 한다.

▶ 시수 확보 및 운영

학교자율시간은 원칙적으로는 **연간 34주를 기준으로 교과별 및 창의적 체험활동 수업 시간 수의 학기별 1주의 수업 시간을 확보하여 학기 단위로 운영**한다. 학교자율시간은 실제 교육과정을 운영하는 시간을 기준으로 각 학년에서 편성한 '총 수업 시간 수'에 따라 편성한다. **학교자율시간 확보를 위하여 운영 시수의 순증도 가능**하며, 시수 확보 과정에서 특정 과목이나 영역의 시수가 지나치게 줄지 않도록 유의하여 균형 있는 학습이 이루어질 수 있도록 한다. 이렇게 확보된 학교자율시간은 **특정 월이나 주에 집중적으로 운영하거나, 학기 내에 분산 운영**할 수 있다.

1-2. 학교자율시간 개설하기

(1) 교과와 과목, 활동의 구분

2022 개정 교육과정 총론 해설서에 따르면, 학교자율시간은 교과 외에 새로운 과목이나 활동으로 개설할 수 있다. 먼저 교과, 과목, 활동의 차이점을 구분해서 알아보도록 하자(경기도교육청, 2024).[2]

교과	과목	활동
「초·중등교육법 시행령」 제43조에 따라 국어, 도덕, 사회, 수학, 과학, 실과, 체육, 음악, 미술 및 외국어(영어)와 국가교육위원회가 필요하다고 인정하는 교과로 명시 　- 초등학교 및 공민학교 기준	교과의 하위 개념으로 교과 안에 여러 과목으로 편성 (예) [국어] 생활 속 문학 　　　[체육] 교실 놀이	교과와 상호 보완적인 관계 속에서 운영되는 경험과 실천 중심의 교육과정 영역

교과는 초·중등교육법 시행령에서 명시하는 가장 큰 단위의 개념으로, 초등학교 기준 10개 교과로 국가 교육과정에 제시되어 있다. 반면, 과목이나 활동은 교과보다 하위 개념으로 다양하고 특색 있는 학교자율시간을 운영하기 위하여 관련 교과(군)에 편성할 수 있다.

초등학교의 경우, 학교자율시간 편성 시 과목과 활동 중 선택 가능하다. 해당 내용과 관련된 2022 개정 교육과정 총론 해설서를 다시 살펴보자.

---

3) 학교는 3~6학년별로 지역과 연계하거나 다양하고 특색 있는 교육과정 운영을 위해 학교자율시간을 편성·운영한다.

　가) 학교자율시간을 활용하여 이 **교육과정에 제시되어 있는 교과 외에 새로운 과목이나 활동을 개설**할 수 있으며, 이 경우 시·도 교육감이 정하는 지침에 따라 **사전에 필요한 절차를 거쳐야 한다.**

　나) 학교자율시간에 운영하는 과목과 활동의 내용은 **지역과 학교의 여건 및 학생의 필요에 따라 학교가 결정하되, 다양한 과목과 활동으로 개설하여 운영**한다.

··· (중략) ···

▶ **활동 및 과목 개설**
학교자율시간에 개설되는 과목이나 활동의 내용은 학생의 필요와 지역 및 학교의 여건에 따라 학교가 결정하며, 학교는 여러 활동이나 과목을 개설하여 운영할 수 있다. 학교자율시간의 과목이나 활동은 **교과 통합형, 언어·수리·디지털 소양 강화형, 지역 연계형 등 다양한 형태로 구성**할 수 있다. 또한, 과목이나 활동 개설 시 학교 교육과정의 편성·운영 설문, 학년(교과)군 협의회 등 교육공동체의 민주적 협의 과정을 거쳐 내용 및 절차의 타당성과 완성도를 확보하기 위해 노력해야 한다.

학교자율시간의 취지를 살린 과목과 활동에 대한 결정 권한은 온전히 '학교'에 있다. 학교자율시간 설계 시 지역 실정과 학교 여건을 종합적으로 고려하여 운영 형태나 과목(또는 활동) 종류를 심층적으로 고민해야 할 것이다. 학교의 중점 과제에 따라 단일 교과/활동으로 학교자율시간을 편성할 수도 있고, 학년이 올라감에 따라 점층적으로 심화되는 여러 교과/활동으로 학교자율시간을 편성할 수도 있다.

기존 학교에서 해오던 자율적인 교육과정 재구성과 달리 학교자율시간은 교육과정 내 편제로 배당되기 때문에 [사전 준비]-[개발 및 승인]-[편성 및 운영]와 같은 일련의 과정을 거치게 된다. 여기서 과목 개설과 활동 개설의 절차상 차이점이 발생하는데, 그 부분을 살펴보도록 하자. 아래 표는 2025년에 학교자율시간을 운영한다고 가정했을 때의 진행 과정을 경기도교육청에서 제공하는 '학교자율시간 과목 및 활동 개설 예시자료'를 바탕으로 재구성한 것이다(경기도교육청, 2024).[3]

	과목 개설	활동 개설
사전 준비	2024년 3월~7월 ▶ 학교자율시간 운영을 위한 교육과정위원회 조직 및 2024학년도 교육과정 편성·운영 설문 분석 ▶ 교육과정과 연계한 학교자율시간 적용 유형 선정: 과목, 활동 중 택 1	
↓		
개발 및 승인	2024년 5월~8월 [승인 주체] 교육감 [과목 개설 승인] 국가교육과정에 제시되지 않은 새로운 과목을 개발하여 '고시 외 과목'으로 승인받은 후 학교에서 편성·운영 [기승인 과목 사용] 타 시·도나 타 학교에서 이미 승인 받은 '고시 외 과목'을 학교에서 편성·운영 [사용 교재] 3개 중 선택 기입 ① 기존 개발 도서(시중 유통 도서) ② 자체 개발 도서(학교 자체 개발 도서) ③ 교수학습자료 활용(자체 개발 자료) ▶ ①, ②의 경우 사용 학기 3개월 전까지 인정 도서 승인 신청 필수이나 기승인 인정 도서의 경우 별도의 신청 없이 사용 가능	2024년 10월~2025년 2월 [승인 주체] 학교장 [활동 개설] 국가교육과정에 제시되지 않은 활동을 학교의 여건 및 학생의 필요에 맞게 목적성과 지속성을 고려하여 개발한 후, 학교운영위원회의 심의를 거쳐 편성·운영 [사용 교재] 사설 출판사의 교재를 구입하여 학교자율시간 전체를 운영할 경우에만 학교운영위원회 심의 필요(교사가 개발한 학습지, 독서 활동을 위한 도서 등은 해당 없음)
↓		
편성 및 운영	▶ **교육청 승인 후 학교자율시간 운영** ▶ 교과평가 운영 필수	▶ **학교장 결재 후 학교자율시간 운영** ▶ 교과평가 운영 선택
	▶ 교과평가 단계는 시·도 학업성적관리 시행 지침에 따르며, 평가계획안 성취기준 입력은 선택 사항 ▶ 과목/활동 모두 학기말 종합 의견 및 교과별 세부 능력 및 특기 사항 입력 필요	

이처럼 과목 및 활동 개설에는 상이한 점이 있으므로, 학교의 실정을 고려하여 학교자율시간을 시작하면 된다. 위의 표에 제시된 기간은 학교자율시간의 운영을 도와주기 위한 가이드라인이니 참고하자. 활동 개설의 경우 과목 개설에 비해 그 절차가 간소하고, 학교 특성 반영이 용이하므로 처음 학교자율시간을 운영하는 학교에게 추천한다.

또한, 타 시·도나 타 학교에서 이미 승인받은 '고시 외 과목'을 개설하는 것도 가능하므로 해당 자료를 활용해 학교자율시간 운영을 시작해 보는 것도 좋겠다. 참고로 경기도의 경우 기승인 과목을 사용할 때 학교운영위원회 심의 과정만 거치면 되나, 대부분의 시·도 교육청에서는 교육청 승인이 필요하다. 시·도교육청별 '고시 외 과목' 자료는 에듀넷·티-클리어의 [교육정책]-[교육과정]-[시도교육청 자료]-[교육감 승인 과목] 게시판을 통해 공유되고 있으니 참고해 보자.

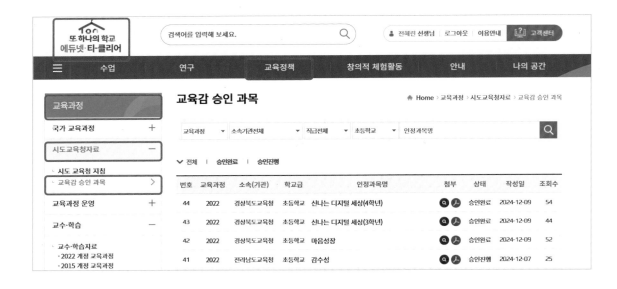

(2) 학교자율시간 이해를 위한 기본 용어 탐구하기

1) 2022 개정 교육과정 내용 체계

학교자율시간은 2022 개정 교육과정에 근거를 두고 있다. 학교자율시간을 제대로 이해하고 운영하기 위해 2022 개정 교육과정에서 사용되는 기본 용어를 차근차근 알아보자.

> 단편적 지식의 암기를 지양하고 각 교과목의 핵심 아이디어 를 중심으로 지식·이해, 과정·기능, 가치·태도의 내용 요소 를 유기적으로 연계하며 학생의 발달 단계에 따라 학습 경험의 폭과 깊이를 확장할 수 있도록 수업을 설계한다.

2022 개정 교육과정 총론 해설서에 따르면, **학습 내용을 지식·이해, 과정·기능, 가치·태도의 세 차원으로 구성**하고, **각 차원의 내용 요소가 핵심 아이디어를 중심으로 유기적으로 통합**되도록 하였다. 핵심 아이디어는 교과 기저의 근본이며, 학습의 토대가 되는 개념들을 의미한다. 이는 영역별로 학습에 초점을 부여함으로써 깊이 있는 학습의 토대를 마련하며, 영역을 구성하는 학습 내용의 세 차원(지식·이해, 과정·기능, 가치·태도)의 기준이 된다. 2022 개정 교육과정 초등 국어과 내용 체계를 예시로 살펴보자.[4]

핵심 아이디어	▶ 듣기·말하기는 언어, 준언어, 비언어, 매체 등을 활용하여 서로의 생각과 감정을 주고받는 행위이다. ▶ 화자와 청자는 상황 맥락 및 사회·문화적 맥락 속에서 의사소통 목적을 달성하기 위하여 다양한 유형의 담화를 듣고 말한다. ▶ 화자와 청자는 의사소통 과정에 협력적으로 참여하고, 듣기·말하기 과정에서의 문제를 해결하기 위해 적절한 전략을 사용하여 듣고 말한다. ▶ 화자와 청자는 듣기·말하기에 흥미를 가지고 적극적으로 참여하면서 담화 공동체 구성원으로 성장하고, 상호 존중하고 공감하는 소통 문화를 만들어 간다.

위에 제시된 핵심 아이디어는 국어 교과의 듣기·말하기 영역에 대한 핵심 아이디어를 나타낸 것이다. 초등학교 1학년부터 중학교 3학년에 이르기까지 국어의 듣기·말하기 영역 학습을 통해 **학습자가 성취하기를 기대하는 결과**이자 **교수·학습 과정에서 지속적으로 주목해야 할 내용**으로 구성되어 있다. 이에 따라 학습자를 언어 주체로 보고 국어 활동을 수행하는 언어 주체의 역할에 주목하여 핵심 아이디어를 영역별로 3~4개의 문장으로 기술하였다.

다음으로, 내용 요소에 대해 알아보자. 내용 요소는 **교과의 영역에서 배워야 할 필수 학습 내용**을 제시한 것으로, '**지식·이해**', '**과정·기능**', '**가치·태도**'의 세 범주로 구분된다(교육부, 2022; 경기도교육청, 2024).[5][6] 2022 개정 국어 교과 듣기·말하기 영역의 내용 요소와 함께 설명하도록 하겠다.

▶ **지식·이해:** 교과 학습을 통해서 알아야 할 구체적 내용과 그것에 대한 이해의 내용을 지칭하며, 해당 교과 영역에서 알고 이해해야 할 내용 요소, 개념, 원리 등을 포함함.

▶ **과정·기능:** 지식을 습득하는 데 활용되는 사고 및 탐구 과정이면서 동시에 그 자체로서 학습되어야 할 교과 고유의 절차적 지식 등을 포함함.

▶ **가치·태도:** 교과 활동을 통해 기를 수 있는 고유한 가치와 태도

범주		내용 요소		
		초등학교		
		1~2학년	3~4학년	5~6학년
지식·이해	듣기·말하기 맥락	• 상황 맥락		• 상황 맥락 • 사회·문화적 맥락
	담화 유형	• 대화 • 발표	• 대화 • 발표 • 토의	• 대화 • 면담 • 발표 • 토의 • 토론
과정·기능	내용 확인·추론·평가	• 집중하기 • 중요한 내용 확인하기 • 일이 일어난 순서 파악하기	• 중요한 내용과 주제 파악하기 • 내용 요약하기 • 원인과 결과 파악하기 • 내용 예측하기	• 생략된 내용 추론하기 • 주장, 이유, 근거가 타당한지 평가하기
	내용 생성·조직·표현과 전달	• 경험과 배경지식 활용하기 • 일이 일어난 순서에 따라 조직하기 • 바르고 고운 말로 표현하기 • 바른 자세로 말하기	• 목적과 주제 고려하기 • 자료 정리하기 • 원인과 결과 구조에 따라 조직하기 • 주제에 적절한 의견과 이유 제시하기 • 준언어·비언어적 표현 활용하기	• 청자와 매체 고려하기 • 자료 선별하기 • 핵심 정보 중심으로 내용 구성하기 • 주장, 이유, 근거로 내용 구성하기 • 매체 활용하여 전달하기
	상호 작용	• 말차례 지키기 • 감정 나누기	• 상황과 상대의 입장 이해하기 • 예의를 지키며 듣고 말하기 • 의견 교환하기	• 궁금한 내용 질문하기 • 절차와 규칙 준수하기 • 협력적으로 참여하기 • 의견 비교하기 및 조정하기
	점검과 조정		• 듣기·말하기 과정과 전략에 대해 점검·조정하기	
가치·태도		• 듣기·말하기에 대한 흥미	• 듣기·말하기 효능감	• 듣기·말하기에 적극적 참여

- '지식·이해'는 듣기·말하기 맥락, 담화 유형과 같이 교과를 통해 알고 이해해야 하는 내용이다.
- '과정·기능'은 사고 및 탐구 과정 또는 기능적인 부분을 일컬으며, 내용 확인·추론·평가, 내용 생성·조직·표현과 전달, 상호작용, 점검과 조정처럼 수업의 핵심 전략 또는 탐

구 활동 관련 요소가 해당된다.

- '가치·태도'는 교과에서 기르고자 하는 가치와 태도로 듣기·말하기에 대한 흥미, 효능
감 등 정의적 요소를 중심으로 구성되어 있다.

마지막으로 핵심 아이디어와 각 내용 요소가 어떻게 연결되어 있는지 살펴보자.

[핵심 아이디어]

화자와 청자는 상황 맥락 및 사회·문화적 맥락 속에서 의사소통 목적을 달성하기 위해 다양한 유형의 담화 를 듣고 말한다.

[관련 내용 요소]

지식·이해	듣기·말하기 맥락	상황 맥락		상황 맥락 사회·문화적 맥락
	담화 유형	• 대화 • 발표	• 대화 • 발표 • 토의	• 대화 • 면담 • 발표 • 토의 • 토론

[핵심 아이디어]

화자와 청자는 의사소통 과정에 협력적으로 참여 하고 듣기·말하기 과정에서의 문제를 해결하기 위해 적절한 전략을 사용 하여 듣고 말한다.

[관련 내용 요소]

과정·기능	상호 작용	• 말차례 지키기 • 감정 나누기	• 상황과 상대의 입장 이해하기 • 예의를 지키며 듣고 말하기 • 의견 교환하기	• 궁금한 내용 질문하기 • 절차와 규칙 준수하기 • 협력적으로 참여하기 • 의견 비교하기 및 조정하기
	점검과 조정		• 듣기·말하기 과정과 전략 에 대해 점검·조정하기	

[핵심 아이디어]

화자와 청자는 듣기·말하기에 흥미 를 가지고 적극적으로 참여 하면서 담화 공동체 구성원으로 성장하고, 상호 존중하고 공감하는 소통 문화를 만들어 간다.

[관련 내용 요소]

가치·태도	• 듣기·말하기에 대한 흥미	• 듣기·말하기 효능감	• 듣기·말하기에 적극적 참여

2) 2022 개정 교육과정 성취기준

성취기준은 학생이 교과를 통해 배우기를 기대하는 내용과 수업 후 가지게 되는 능력을 결합하여 서술한 것이다. 이러한 성취기준은 교사가 가르쳐야 할 내용에 대한 지표이자 학생들이 무엇을 성취해야 하는가를 나타내는 나침반이라 할 수 있다(경기도교육청, 2024).[7]

2022 개정 교육과정에서는 **내용 체계의 내용 요소와 성취기준이 연계성을 가질 수 있도록 진술**하고 있으며, 내용 요소 간 유기적 통합을 도모하기 위해 가급적 **지식·이해, 과정·기능, 가치·태도의 세 가지 범주 중 두 가지 이상의 범주를 조합하여 진술하는 것을 지향**한다. 실제 2022 개정 교육과정에서 사용되고 있는 성취기준을 살펴보도록 하자.

[4국01-01] 중요한 내용과 주제를 파악하며 듣고 그 내용을 요약한다.

[4국01-02] 원인과 결과의 관계를 고려하여 내용을 예측하며 듣고 말한다.

[4국01-03] 상황에 적절한 준언어·비언어적 표현을 활용하여 듣고 말한다.

[4국01-04] 상황과 상대의 입장을 이해하고 예의를 지키며 대화한다.

[4국01-05] 목적과 주제에 알맞게 자료를 정리하여 자신감 있게 발표한다.

[4국01-06] 주제에 적절한 의견과 이유를 제시하고 서로의 생각을 교환하며 토의한다.

위에 제시된 내용은 2022 개정 국어 교과 초등 3~4학년 듣기·말하기 영역의 성취기준을 나타낸 것이다. [4국01-01]에서 4는 학년(군)을 의미하며, 1~2학년(군)의 경우 2, 3~4학년(군)의 경우 4, 5~6학년(군)의 경우 6을 사용한다. 국은 국어 교과를, 01은 국어 교과의 하위 영역 번호를 뜻한다. 국어의 경우 01-듣기·말하기, 02-읽기, 03-쓰기, 04-문법, 05-문학, 06-매체를 사용한다. 맨 끝에 있는 01은 영역별 성취기준 번호이다.

학교자율시간에서 사용되는 성취기준은 이와 비슷하지만 약간 다른 점이 있다. 아래 표를 통해 차이점을 확인해 보자.

2022 개정 교육과정 성취기준					학교자율시간 성취기준				
4	국	01	-	01	3	사	생태	-	01
학년(군)	교과명	영역 번호		성취기준 번호	학년	편성 교과명	학교자율시간 활동명		성취기준 번호

2022 개정 교육과정 성취기준에서는 2, 4, 6과 같이 학년(군)의 상위 학년 숫자를 사용하였으나 학교자율시간 성취기준은 편성·운영하고자 하는 학년으로 기재한다. 또한, 기존 교육과정과 달리 학교자율시간에서는 활동명을 1~4글자 정도로 간략하게 요약하여 표기하도록 되어 있다. 위의 학교자율시간 성취기준 예시는 경기도 기준이며, 코드번호 기재 방법은 시·도별로 상이하므로 각 교육청의 지침을 따르도록 하자.

마지막으로 학교자율시간 성취기준과 내용 요소가 어떤 연계성을 가지는지 알아볼 차례다. 다음 예시는 경기도교육청에서 제공하는 '학교자율시간 과목 및 활동 개설 예시 자료'에서 사용된 학교자율시간 내용 체계와 성취기준 중 일부를 다룬 것이다(경기도교육청, 2024).[8]

[활동명] 환경 수호대 프로젝트		
① 지식·이해	② 과정·기능	③ 가치·태도
▶ 우리와 공존하는 생물이 사는 곳의 환경 ▶ 학교 주변의 주요 장소 ▶ 살기 좋은 우리 환경	▶ 지구촌을 위협하는 문제 해결을 위한 노력 탐색하기 ▶ 내가 자주 다니는 곳 지도에 표시하기 ▶ 생활 주변의 환경의 위협 요소 찾기	▶ 삶의 질과 관련되는 환경에 대한 관심 ▶ 우리가 사는 곳의 환경 감수성 ▶ 환경 수호대의 실천 노력

[4사환경수호대-01] 우리 지역의 지도에서 내가 잘 다니는 곳을 살펴보고,

　　　① 학교 주변의 주요 장소 ② 내가 자주 다니는 곳 지도에 표시하기

　　　학교 주변의 환경을 위협하는 요소를 찾는다.

　　　② 생활 주변의 환경의 위협 요소 찾기

[4사환경수호대-02] 우리 지역의 환경에 관심을 갖고, 좋은 환경을 위해

　　　③ 삶의 질과 관련되는 환경에 대한 관심 ① 살기 좋은 우리 환경

　　　환경 수호대 활동을 계획한다.

　　　③ 환경 수호대의 실천 노력

2022 개정 교육과정 성취기준 진술 방식에 의거하여 지식·이해, 과정·기능, 가치·태도의 세 가지 범주 중 두 가지 이상을 결합한 것이 바로 학교자율시간 성취기준이다. 위의 예시에서 1번 성취기준은 ① 지식·이해 + ② 과정·기능, 2번 성취기준은 ① 지식·이해 + ③ 가치·태도를 결합하여 진술했음을 알 수 있다.

1-3. 학교자율시간 시수 산출 원리 및 방법 ....

(1) 학교자율시간 시수 산출 원리

학교자율시간 시수 산출과 관련된 2022 개정 교육과정 총론 해설서 부분을 살펴보자.

다) 학교자율시간은 학교 여건에 따라 **연간 34주를 기준으로 한 교과별 및 창의적 체험활동 수업 시간의 학기**
별 1주의 수업 시간을 확보하여 운영한다.

▶ 시수 확보 및 운영

학교자율시간은 원칙적으로는 연간 34주를 기준으로 교과별 및 창의적 체험활동 수업 시간 수의 학기별 1주
의 수업 시간을 확보하여 학기 단위로 운영한다. 학교자율시간은 **실제 교육과정을 운영하는 시간을 기준으**
로 각 학년에서 편성한 '총 수업 시간 수'에 따라 편성한다. 학교자율시간 확보를 위해 운영 시수의 순증도 가
능하며, 시수 확보 과정에서 특정 과목이나 영역의 시수가 지나치게 줄지 않도록 유의하여 균형 있는 학습이
이루어질 수 있도록 한다. 이렇게 확보된 학교자율시간은 특정 월이나 주에 집중적으로 운영하거나, 학기 내
에 분산 운영할 수 있다.

연간 34주를 기준으로 교육과정이 운영되므로 1학기, 2학기의 기준 주수는 34÷2=17주
가 된다. 그중 **학기별 1주의 수업 시간을 반드시 학교자율시간으로 배당**해야 하므로, 학기
당 16주는 교과 및 창의적 체험활동 교육과정으로, 1주는 학교자율시간으로 구성된다고 보
면 되겠다.

학교자율시간은 초등학교 3~6학년을 대상으로 각 학년에서 편성한 '총 수업 시간 수'에
따라 편성하도록 되어 있다. 학년별 총 수업 시간 수를 살펴보면 초등학교 3~4학년의 경우
986차시, 5~6학년의 경우 1,088차시이므로 학교자율시간 시수 확보 원칙에 따라 '<u>(학년별</u>
<u>총 수업 시간 수)÷34</u>'로 계산하면 된다. 정리하면 3~4학년 학교자율시간은 986÷34=29차
시, 5~6학년 학교자율시간은 1,088÷34=32차시가 되는 것이다.

단, 학교자율시간은 '학기별' 1주의 수업 시간을 확보하기 위해 **반드시 학기 단위로 운영**
하는 것을 원칙으로 한다. 초등학교 3~4학년의 경우 학교자율시간으로 29차시를 편성할 수
있는데, 1학기에 15차시, 2학기에 14차시와 같이 분산해서 운영하는 것이 불가능하다는 의
미다. 표로 다시 해당 내용을 정리해 보자.

학년(군)	3학년	4학년	5학년	6학년
학년군별 총 수업 시간 수	1,972		2,176	
학년별 총 수업 시간 수	986	986	1,088	1,088
학교자율시간 운영 시수(학기별)	986÷34=29		1,088÷34=32	
학교자율시간 운영 방법	한 학기에 29차시 모두 운영 (1학기 15차시, 2학기 14차시 X)		한 학기에 32차시 모두 운영 (1학기 16차시, 2학기 16차시 X)	

29차시 또는 32차시 분량의 학교자율시간을 한 학기 단위로 운영하기 위한 방법은 0-4부에서 자세하게 다루도록 하겠다. 확보된 학교자율시간이 부족하다고 느껴진다면, **시수 추가를 위해 운영 시수의 순증도 가능**하다. 예를 들어, 3학년의 총 수업 시간 수는 986이지만, 34차시를 순증하여 총 1,020시간을 수업한다고 가정해 보자. '(학년별 총 수업 시간 수)÷34'의 규칙에 따라 1,020÷34=30이므로, 학교자율시간은 한 학기에 30차시를 운영하면 되는 것이다. 학교자율시간의 운영 시수는 반드시 '학년별 총 수업 시간 수'에 따라 달라진다는 점을 유의하자.

(2) 학교자율시간 시수 산출 방법

이번에는 교육과정 편제와 함께 학교자율시간 시수를 산출하기 위한 방법을 다루어 보도록 하겠다. 앞선 2015 개정 교육과정에서 사용되던 교육과정 자율화 증감과 동일하게 **2022 개정 교육과정에서의 학교자율시간도 교과(군)별 20% 범위 내에서 시수를 증감하여 편성·운영**할 수 있다. 관련된 2022 개정 교육과정 총론 해설서 부분을 살펴보자.

▶ 편성·운영

학교는 학교자율시간을 반드시 편성·운영해야 하며, 운영 학년·학기에 관한 사항은 학교장이 시·도 교육청 지침에 따라 결정한다. 학교에서는 국가 교육과정에 제시되어 있는 교과 외에 새로운 과목이나 활동을 개설한다. 새로운 과목이나 활동은 관련 교과(군)에 편성하며, 이때 해당 교과(군)는 20% 범위 내에서 시수를 증감하여 편성·운영할 수 있다. 단, 체육, 예술(음악/미술) 교과는 기준 수업 시수를 감축하여 편성·운영할 수 없다.

학교의 여건과 교과 특성을 고려하여 시수 감축 운영이 가능한 교과(군) 및 창의적 체험활동에서 학교자율시간을 확보해야 함을 알 수 있다. 이때 교과(군)에서 일부 시수를 감축하여 학교자율시간으로 편성할 때, 감축된 수업 시수로 해당 교과의 교육과정 성취기준을 모두 이수할 수 있는지 점검해야 한다. 또한, 특정 교과나 창의적 체험활동 영역의 시수가 지나치게 감축되지 않도록 유의할 필요가 있다. 초등학교 3~6학년 학교자율시간 관련 교과(군) 편성 시 사용 가능한 시수 증감 범위를 정리하면 다음과 같다(경기도교육청, 2024).[9]

구분		3~4학년 (기준 수업 시수)	증감 범위	5~6학년 (기준 수업 시수)	증감 범위
교 과 (군)	국어	408	±81 → 327~489	408	±81 → 327~489
	사회/도덕	272	±54 → 218~326	272	±54 → 218~326
	수학	272	±54 → 218~326	272	±54 → 218~326
	과학/실과	204	±40 → 164~244	340	±68 → 272~408
	체육	204	+40 → 204~244	204	+40 → 204~244
	예술(음악/미술)	272	+54 → 272~326	272	+54 → 272~326
	영어	136	±27 → 109~163	204	±40 → 164~244
	소계	1,768*		1,972*	
창의적 체험활동		204	±40 → 164~244	204	±40 → 164~244
학년(군)별 총 수업 시간 수		1,972*		2,176*	

* 최소 수업 시수: 최소로 편성 · 운영해야 하는 시수로, 시간 배당 기준에 제시된 학년(군)별 총 수업 시간 수 이상을 반드시 편성 · 운영해야 함.

체육, 예술(음악/미술) 교과는 기준 수업 시수를 감축하여 편성·운영할 수 없으나, 해당 교과 시수를 활용하여 학교자율시간의 관련 과목(또는 활동)으로 편성하는 것은 가능하다. 이때 **체육, 예술(음악/미술) 교과(군)의 기준 수업 시수는 반드시 준수해야** 한다. 다음 표의 예시를 살펴보자(경기도교육청, 2024).[10]

3~4학년군 학교자율시간 예시	가능 여부
체육 과목 204시간+체육 교과로 편성된 학교자율시간 과목 29시간 ▶ 총 체육 교과의 수업 시수 233시간	가능
체육 과목 175시간+체육 교과로 편성된 학교자율시간 과목 29시간 ▶ 총 체육 교과의 수업 시수 204시간	가능
체육 과목 175시간+체육 외 교과로 편성된 학교자율시간 과목 29시간 ▶ 총 체육 교과의 수업 시수 175시간	불가

표를 살펴보면 체육, 예술(음악/미술) 교과로 학교자율시간을 편성하는 경우, 해당 과목 시간과 학교자율시간을 합쳐 기준 수업 시수를 계산한다는 사실을 알 수 있다.

보다 정확한 이해를 위해 실제 학교자율시간이 반영된 교육과정 편제를 분석해 보도록 하자.

구분			국가 기준	3~4학년군		
				3학년	4학년	계 (증감)
교과 (군)	공통 교과	국어	408	189	204	393 (-15)
		학교자율시간		29	0	+29
		사회/도덕 사회	272	204	97	102	199 (-5)
		도덕		68	32	34	66 (-2)
		수학	272	134	136	270 (-2)
		과학	204	102	102	204
		체육	204	102	102	204
		예술 음악	272	136	68	68	136
		미술		136	68	68	136
		영어	136	68	68	136
창의적 체험활동(자·동·진)			204	97	102	199 (-5)
소계			1,972	986	986	1,972

해당 교육과정 편제는 3학년 국어 교과 안에 학교자율시간이 29차시(1학기 혹은 2학기) 편성되었음을 알 수 있다. 국어에서 15차시, 사회와 창의적 체험활동에서 각각 5차시, 도덕과 수학에서 각각 2차시를 감축하였다.

여기서 주의할 점은, **감축 교과에 해당하는 국어, 사회, 도덕, 수학, 창의적 체험활동이 학교자율시간 교육과정 내용에 모두 포함될 필요가 없다는 것이다.** 학교자율시간이 국어 교과 안에 편제되어 있기 때문에 국어와 관련성이 높은 교육과정으로 학교자율시간을 운영하면 된다. 다만, **감축된 교과의 일부 내용을 삭제하거나 생략해서는 안 되며, 교과 내용을 통합·압축하는 방식 등으로 교과 교육과정을 재구성해야 한다**는 점에 유의하자.

학교자율시간을 운영할 때 한 학기를 기준으로 꼭 1개의 교과나 활동이 아닌, 교과+활동, 활동+활동 등 여러 개의 교과나 활동으로 편성할 수도 있다. 학교자율시간의 내용이 다양한 교과를 아우르는 융합 수업이라면 다음과 같이 교육과정 편제를 해 보아도 좋겠다.

구분			국가 기준	3~4학년군		
				3학년	4학년	계 (증감)
교과 (군)	공통 교과	국어	408	204	199	403 (-5)
		사회/도덕 — 사회	272	102	90	192 (-12)
		사회/도덕 — 학교자율시간		0	17	+17
		사회/도덕 — 도덕	68	34	34	68
		수학	272	136	134	270 (-2)
		과학	204	102	92	194 (-10)
		학교자율시간		0	12	+12
		체육	204	102	102	204
		예술 — 음악	272	68	68	136
		예술 — 미술	136	68	68	136
		영어	136	68	68	136
창의적 체험활동(자·동·진)			204	102	102	204
소계			1,972	986	986	1,972

해당 교육과정 편제는 4학년 사회, 과학 교과 안에 학교자율시간이 각각 17차시, 12차시로 총 29차시 편성되었음을 알 수 있다. 학교자율시간 편제 과목인 사회, 과학을 중심으로 감축하였으며, 국어와 수학에서도 일부 차시를 감축하여 학교자율시간을 편성하였다. 학교자율시간 주제에 따라 다양한 시수 산출이 가능하므로 우리 학교의 특색이 담긴 학교자율시간을 다채롭게 운영해 보기를 바란다.

1-4. 학교자율시간 운영의 실제

이제 학교자율시간을 실제로 운영하기 위하여 학기별로 어떻게 편성할 수 있는지 알아볼 차례다. 관련 2022 개정 교육과정 총론 해설서 부분은 다음과 같다.

▶ 편성·운영

학교는 학교자율시간을 반드시 편성·운영해야 하며, 운영 학년·학기에 관한 사항은 학교장이 시·도 교육청 지침에 따라 결정한다. 학교에서는 국가 교육과정에 제시되어 있는 교과 외에 새로운 과목이나 활동을 개설한다. 새로운 과목이나 활동은 관련 교과(군)에 편성하며, 이때 해당 교과(군)는 20% 범위 내에서 시수를 증감하여 편성·운영할 수 있다. 단, 체육, 예술(음악/미술) 교과는 기준 수업 시수를 감축하여 편성·운영할 수 없다.

▶ 시수 확보 및 운영

학교자율시간은 원칙적으로는 연간 34주를 기준으로 교과별 및 창의적 체험활동 수업 시간 수의 학기별 1주의 수업 시간을 확보하여 학기 단위로 운영한다. 학교자율시간은 실제 교육과정을 운영하는 시간을 기준으로 각 학년에서 편성한 '총 수업 시간 수'에 따라 편성한다. 학교자율시간 확보를 위하여 운영 시수의 순증도 가능하며, 시수 확보 과정에서 특정 과목이나 영역의 시수가 지나치게 줄지 않도록 유의하여 균형 있는 학습이 이루어질 수 있도록 한다. 이렇게 확보된 학교자율시간은 **특정 월이나 주에 집중적으로 운영하거나, 학기 내에 분산 운영**할 수 있다.

2022 개정 교육과정에 따르면 **학교자율시간은 3~6학년 내 한 학기 이상 편성·운영**해야 한다. 학교의 여건에 따라 3~6학년에서 모두 학교자율시간을 운영해도 좋고, 필요로 하는 학년에서만 집중 운영해도 괜찮다. 또한, 1, 2학기 모두 학교자율시간을 운영할 수도 있지만, 그중 한 학기를 중심으로 운영하는 것도 가능하다.

2022 개정 교육과정이 적용되는 시점을 살펴보면 2024년-초등학교 1~2학년, 2025년-초등학교 3~4학년, 2026년-초등학교 5~6학년이다. 초등학교 1~2학년은 학교자율시간 운영 학년에 해당되지 않으므로 2024학년도에는 학교자율시간을 운영할 필요가 없었다.

2025학년도는 2022 개정 교육과정이 적용되는 초등학교 3~4학년에서 학교자율시간 편성 여부를 결정해야 한다. 경기도의 경우 2025학년도 3~4학년에 학교자율시간을 편성하지 않아도 문제가 되지 않는다. 학교자율시간은 3~6학년 중 한 학기 이상만 운영하면 되므로 2022 개정 교육과정의 5~6학년 적용이 시작되는 2026학년에 편성해도 되는 것이다. 서울은 학년(군)별 최소 한 학기 이상을 반드시 편성·운영하는 것을 원칙으로 하는 등 각 시·도 교육청별로 차이가 있으므로 해당 시·도의 운영지침을 꼭 확인해 보자.

운영 학년과 학기를 정했다면, 학기별 학교자율시간의 편성 유형을 고를 차례다. 다음 제시된 학교자율시간의 편성·운영 방식은 아래의 3가지 유형으로 나눌 수 있다(유영식, 권성희, 2024; 경기도교육청, 2024).[11][12]

유형	편성 방식	특징
지속형 (고정형)	매주 같은 요일에 시수를 고정하여 활용	- 매주 시수 활용 시 과목(활동) 운영의 지속성과 안정성 확보 가능 - 교과 간 융합 과목/활동의 개설·운영에 용이 - 유연한 교육과정 편성의 어려움
집중형	학기 초, 학기 중, 학기 말 등 특정 기간에 집중적으로 시수 활용	- 학교의 필요에 따라 유휴 시간에 활용 가능 - 과목/활동의 특성에 따라 집중적인 학습 가능 - 행사 및 이벤트로 운영되지 않기 위한 노력 필요
혼합형	지속형+집중형	- 일정 기간 '지속형'으로 학교자율시간 운영 후 학기 말에 그 결과를 공유하는 방식 등으로 적용 가능 - 지속형과 집중형의 장단점 혼합

(1) 지속형(고정형)

지속형(고정형)은 말 그대로 학교자율시간을 매주 같은 시간에 고정적으로 운영하는 편성 방식이다. 시간표에서 고정적으로 1~2시간이 사용되기 때문에 안정적이고 지속적인 운영이 가능하다는 장점이 있다. 한 학기가 평균적으로 20주~21주 내외로 운영되는 것을 감안하면 주당 시간표에서 고정적으로 2시간씩 배정하는 것을 추천하는 바다.

	월	화	수	목	금
1교시	국어	국어	사회	미술	과학
2교시	국어	체육	음악	미술	수학
3교시	영어	수학	과학	도덕	사회
4교시	수학	음악	과학	영어	국어
5교시	사회	자율시간	체육	수학	창체
6교시		자율시간			

(2) 집중형

집중형은 학기 내 특정 월이나 주에 집중적으로 시수를 활용하는 편성 방식이다. 프로젝트로 학교자율시간을 운영할 경우 적합한 방식으로 활동 개설에서 많이 활용될 수 있다. 과목이나 활동의 특성에 따라 학교 행사 및 주간과 연계하여 운영하는 것을 권장한다.

기간	월						화						수						목						금					
	1	2	3	4	5	6	1	2	3	4	5	6	1	2	3	4	5	6	1	2	3	4	5	6	1	2	3	4	5	6
6.09.~6.13.	국	국	영	수	사		국	체	수	음	창	창	사	음	과	과	체		미	미	도	영	수		과	수	사	국	체	
6.16.~6.20.	자율시간						자율시간						자율시간						자율시간						자율시간					
6.23.~6.27.	자율시간			수	사		국	국	수	음	체	창	사	음	과	과	체		미	미	도	영	수		과	수	사	국	체	
6.30.~7.04.	국	국	영	수	사		국	체	수	음	창	창	사	음	과	과	체		미	미	도	영	수		과	수	국	국	사	

(3) 혼합형

혼합형은 평상시에는 지속형으로 매주 운영하다가 학교 행사와 연계하여 일일형 또는 1~2주 동안 집중 운영하는 편성 방식이다. 프로젝트 마무리의 공유나 산출물 발표 주간을 마련하는 등 다양한 방식으로 운영될 수 있다.

기간	월						화						수					목						금					
	1	2	3	4	5	6	1	2	3	4	5	6	1	2	3	4	5	1	2	3	4	5	6	1	2	3	4	5	6
5.12.~5.16.	국	국	영	수	사		수	음	체	국	미	미	사	음	과	과	자율	체	국	도	영	수		과	수	사	국	창	
5.19.~5.23.	국	국	영	수	사		수	음	체	국	미	미	사	음	과	과	자율	체	국	도	영	수		과	수	사	국	창	
5.26.~5.30.	국	국	영	수	사		수	음	체	국	미	미	사	음	과	과	자율	체	국	도	영	수		과	수	사	국	창	
6.02.~6.06.	국	국	영	수	사		수	음	체	국	미	미	사	음	과	과	자율	체	국	도	영	수		현	충	일			
6.09.~6.13.	국	국	영	수	사		수	음	체	국	미	미	사	음	과	과	자율	체	국	도	영	수		과	수	사	국	창	
6.16.~6.20.	국	국	영	수	사		수	음	체	국	미	미	사	음	과	과	자율	체	국	도	영	수		과	수	사	국	창	
6.23.~6.27.	국	국	영	수	사		수	음	체	국	미	미	사	음	과	과	자율	체	국	도	영	수		과	수	사	국	창	
6.30.~7.04.	국	국	영	수	사		수	음	체	국	미	미	사	음	과	과	자율	체	국	도	영	수		과	수	사	국	창	
7.07.~7.11.	국	국	영	수	사		수	음	체	국	미	미	사	음	과	과	자율	체	국	도	영	수		과	수	사	국	창	
7.14.~7.18.	국	국	체	수	사		수	음	사	국	미	미	사	음	과	과	자율	체	도	국	국	수		체	수	사	국	창	
7.21.~7.25.	자율시간						자율시간						자율시간					자율시간				도	창	창	창	창	창		

이제 학교자율시간에 대한 키워드를 정리해 보자.

학교자율시간				
운영 방법	활동 또는 과목			
대상 학년	3학년	4학년	5학년	6학년
총 수업 시수	986	986	1,088	1,088
학교자율시간 운영 시수	986÷34=**29**		1,088÷34=**32**	
운영 형태	▶ 지속형(고정형): 매주 고정된 시수 활용 ▶ 집중형: 학기 초, 학기 중, 학기 말 등 특정 기간에 집중 운영 ▶ 혼합형: 지속형+집중형			
평가	▶ '과목'으로 운영한 경우 편성된 교과(군)에 준하여 시·도 교육청의 학업성적관리시행지침에 따라 실시		▶ '활동'으로 운영한 경우, 평가의 실시 여부와 평가 방식은 시·도 교육청의 지침에 따름	
	▶ 학교자율시간으로 편성한 '과목'과 '활동' 모두 결과를 학교생활기록부 세부능력 및 특기사항에 입력해야 함.			
유의사항	▶ 필수로 편성·운영해야 하며, 시기와 형태는 학교장이 결정한다. ▶ 교과(군)별 창의적 체험활동의 20% 범위 내에서 시수를 증감하여 편성·운영할 수 있다. ▶ 체육, 예술(음악/미술) 교과 시수를 활용하여 학교자율시간의 관련 과목(활동)을 편성·운영할 수 있다. ▶ 체육, 예술(음악/미술) 교과는 기준 수업 시수에서 감축하여 운영할 수 없다. ▶ 반드시 한 학기 내에 운영해야 한다. (1, 2학기로 분산 운영할 수 없다.)			

1-5. 노벨 엔지니어링으로 다가가는 학교자율시간

앞서 살펴본 학교자율시간의 운영을 위해 필자는 노벨 엔지니어링 수업 모델을 추천하고 싶다. 노벨 엔지니어링은 책을 읽고 책 속 주인공의 문제를 어떤 설계물로 해결해 준 뒤, 그 해결책이 불러올 새로운 미래를 상상하며 이야기를 바꾸어 쓰는 융합 수업 모델이다(홍기천, 2020).[13] 1차 정보교육 종합계획에서 융합 수업 모델로서 그 가치를 확인하고(교육부, 2020),[14] 여러 프로젝트를 통해 그 지평을 넓히고 있다.

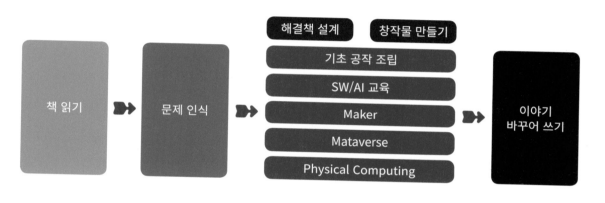

노벨 엔지니어링 기반 학교자율시간 운영을 추천하는 이유로 **첫째, 깊이 있는 학습이 가능하다.** 2022 개정 교육과정에서는 '깊이 있는 학습'을 강조하며 교과 간 연계와 통합, 학습에 대한 성찰을 강조하였다. 교과 지식을 단순히 학습하는 것이 아니라 각 교과의 기저에 있는 핵심 개념과 원리를 내면화해야 한다는 것이다.[15] 예를 들면 '열대 기후에서는 수상 가옥에 살고, 한대 기후에서는 이글루에 산다'라는 사실 자체를 외우는 것을 넘어서, '기후는 사람들의 주거에 영향을 준다'라는 핵심 개념을 일반화할 수 있어야 한다. 이러한 과정에 적합한 교수학습자료가 바로 '이야기'이다. 이야기는 사람들의 삶을 담은 그릇이며, 인간

의 생활을 비추는 거울이다. **이야기 속 문제를 해결하는 과정에서 나의 삶의 문제를 들여다 보고, 핵심 아이디어를 탐구**할 수 있을 것이다. 〈심청전〉 속 심봉사와 심청이가 겪는 어려움 은 시각장애인들의 복지로 이어지고, 독도를 자주 가볼 수 없다는 문제점을 통해 가상현실 (VR)의 필요를 체감하게 된다.

둘째, 삶과 연계한 유의미한 학습이 가능하다. 2022 개정 교육과정 총론에서는 학습 내 용을 '실생활 맥락'에서 제공하며, 배운 내용을 '실생활에 적용'해 보도록 권하고 있다. **노벨 엔지니어링에서는 책을 단순히 수업의 동기 유발 도구로서만 사용하는 것이 아니라, 이야기 를 바꾸어 쓰는 마무리 단계까지 확장**시킨다. 우리가 체험하고 설계해 본 AI 기술이, VR 콘 텐츠가, 손으로 만든 업사이클링 제품이 어떤 새로운 미래를 불러올까? 프로젝트 내용이 실 생활로 파생되고, 그 결과를 창의적으로 상상하게 된다. 이는 학교 현장에서의 다양한 확장 을 불러올 것이다. 노벨 엔지니어링을 통해 전래동화 활용 프로젝트를 연극으로 변형한 사 례가 그 예이다(이한빈, 신진선, 2021).[16] 연극뿐만 아니라 이야기 바꾸어 그리기, 박람회 개최, 시 로 표현하기, 이야기 책 만들기 등등 학교 상황에 맞게 활동을 진행해도 재미있을 것이다. 이 과정에서 학습자의 자기주도성과 문제 해결력 향상도 기대해 볼 법하다.

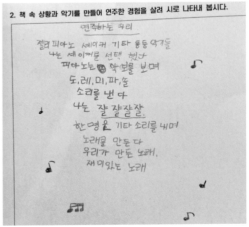

셋째, 학교자율시간의 흐름과 노벨 엔지니어링 수업 단계가 부합한다. 다음 흐름은 《학교 자율시간 과목 활동 바이블》 도서의 내용을 참고하여 도식화하였다(유영식, 권성희, 2024).[17]

주제에 관한 개념이나 이론 지식 탐구 (지식·이해)	주제 관련 체험 (과정·기능)	산출물 생산, 실천 (과정·기능)	발표·전시·공유·나눔 (가치·태도)

학교자율시간은 하나의 교육과정으로서 지식 위주에 치우쳐서도, 활동에만 집중해서도 안 된다. 따라서 초반부에는 학교자율시간의 주제 개념이나 이론, 지식 등을 탐구하고 이와 관련된 체험을 제공해야 한다고 하였다. 이후 학생들이 관련된 결과물을 주도적으로 만들어 낼 수 있도록 과제를 제시하고, 이를 함께 나누고 공유할 것을 강조하였다(유영식, 권성희, 2024).[18] 이 흐름에 노벨 엔지니어링의 수업 단계를 연결해 본다면 어떨까?

주제에 관한 개념이나 이론 지식 탐구 (지식·이해)	주제 관련 체험 (과정·기능)	산출물 생산, 실천 (과정·기능)	발표·전시·공유·나눔 (가치·태도)
책 읽기 및 문제 인식	해결책 설계	창작물 만들기	이야기 바꾸어 쓰기

책 읽기와 문제 인식 단계에서 주제 관련 이론을 탐구하고, 내 삶의 문제로 인식하는 과정을 제공할 수 있을 것이다. 또 문제를 해결하기 위한 수단을 체험해 보고, 자신만의 산출물을 만드는 과정 역시 자연스럽다. 발명품 만들기, 인형 제작, 무드등 만들기 등의 주제별 공작 활동과도 연계할 수 있으며, 디자인 플랫폼, VR, 엔트리, AI, 로봇 교육 등의 디지털 주제와도 융합할 수 있다.

마지막 이야기 바꾸어 쓰기 단계에서 자신이 만든 해결책이 불러올 새로운 미래와 함께 윤리·사회적 관점까지 나누고 확장할 수 있을 것이다. 더불어 경기도교육청에서 제공하는 '학교자율시간 과목 및 활동 개설 예시 자료'에도 노벨 엔지니어링을 활용한 로봇 수업이 추천되어 있다(경기도교육청, 2024).[19] 이는 노벨 엔지니어링의 수업 흐름이 학교자율시간을 적용하기 위한 최적의 단계임을 반증하는 것이 아니겠는가.

넷째, 접근성이 좋다. 학교 현장에서의 접근성을 높이기 위해서는 교사의 수업 재구성 부담이 적어야 한다. 제2차 정보교육 종합계획과 제3차 융합교육 종합계획에서는 놀이, 실습 중심의 디지털 역량 함양 프로그램, 주제 중심 문제 해결 프로그램, AI 융합 프로그램 등을 학교자율시간으로 개발, 보급해야 함을 역설하고 있다(교육부, 2024).[20][21] 다만, 이러한 수업 개발 과정에서 학교와 교사의 부담이 커지는 것은 당연한 결과일 것이다. 이때 노벨 엔지니어링을 활용할 것을 권한다.

노벨 엔지니어링에서 '이야기'를 수업으로 가져오기 위한 수단인 '책'은 학교 현장에서 가장 친숙한 수업 도구가 아닐까? **학교자율시간의 가장 큰 걸림돌인 교육과정 재구성 부담을 '책'을 활용한 교수학습자료를 통해 해결**해 보자. 어려운 도서를 선정할 필요 없이, 학생들이 모두 알고 있는 전래 동화나 명작 동화를 활용해도 재미있다. 고학년이라면 노인 문제, 장애인 문제, 독도 영토 문제 등의 주제별 프로젝트도 가능하다.

이와 더불어 노벨 엔지니어링을 실천하기 위한 도서 선정 기준을 참고로 제시한다(최은영, 2019; 박은비, 2022).[22][23]

독자	학생의 흥미와 정서에 적합한가?		
텍스트	작품 내용에 공학적으로 해결할 수 있는 문제점이 있는가?		
학년군별 이야기 소재	1~2학년군	3~4학년군	5~6학년군
	자신이 본 내용 구체적인 경험 중심	공감 유발	사회적 이슈, 전래 동화/우화, 인권, 아동 노동, 환경 오염 등 생활 속 문제 해결

도서 선정 기준에서 가장 중요한 것은 **첫째, 학생의 수준과 도서의 내용이 부합해야 한다.** 학생의 흥미와 정서에 맞는 이야기를 선정해야 한다는 것에 유의하자. 필자가 노벨 엔지니어링을 처음 적용하였을 때 경험한 가장 큰 실수는, 아주 두꺼운 책으로 시작했던 것이다.

아무리 재미있는 설계 활동이 기다리고 있어도, 책 내용에 흥미를 느끼지 못하던 학생들은 책 읽기에 지쳐 갔다. 글 읽기를 어려워하거나 독서에 흥미가 없다면 가벼운 그림책으로 시작해 보는 것을 추천한다. 교사와 함께 표지를 샅샅이 톺아 보고 그림책의 배경에서 숨겨진 문제를 찾아보는 것 역시 탐구 과정이다. 노벨 엔지니어링에 친숙해지고 나면 글밥이 있는 도서를 선정하여, 학생들의 흥미를 끌어올려 줄 것을 권한다.

둘째, 책 속 내용에 해결할 만한 문제 상황이 드러나야 한다. 이야기의 결말에서 이미 문제가 해결되어 버렸다면, 학생들은 문제 해결의 의지를 가지기 어려울 것이다. 만약 그럴 경우 책 속의 문제 상황이 극으로 치닫는 부분에서 책 읽기를 멈추고 다음 단계로 수업을 진행해도 무방하다. 자신만의 해결책을 설계해 본 후, 다시 이야기를 이어 읽고 책 속 결말과 내가 상상한 결말을 비교해도 재미있다.

위의 도서 선정 기준은 하나의 예시 가이드일 뿐, 학교자율시간의 취지에 맞게 학교급 상황과 학생들의 필요에 맞게 얼마든지 재구성해도 좋다.

본 도서에서는 생태, 디지털, 진로, SW·AI의 4가지 주제의 노벨 엔지니어링 기반 학교자율시간을 제시하고 있다. 해당 주제 역시 2022 개정 교육과정에서 강조하고 있는 주제를 선정하였다. 먼저 불확실한 미래 변화를 상징하는 키워드 중 하나인 기후·생태 환경 변화에 관련한 학교자율시간을 제안하고자 한다. 두 번째로 디지털 소양을 강화하기 위한 2022 개정 교육과정의 핵심 변화에 집중하기 위한 주제를 선정하였다. 3~4학년 대상 디지털, 5~6학년 대상 SW·AI 관련 학교자율시간이 바로 그것이다. 마지막으로 진로 관련 학교자율시간을 설계하였다. 2022 개정 교육과정에서 추구하는 인간상에 담긴 키워드에도 '진로 설계'가 중심이 되어 '자기 주도성'을 강조하고 있기 때문이다.

이제 학교 현장의 학교자율시간의 안착을 위해 노벨 엔지니어링으로 숨 쉬는 학생 주도 프로젝트 수업을 만나 볼 차례다.

1) 교육부(2022). 2022 개정 교육과정 총론 해설. 교육부 고시 제2022-22호.
2) 경기도교육청(2024). 초등학교 2022 개정 교육과정 학교자율시간 과목 및 활동 개설 예시자료.
3) 경기도교육청(2024). 초등학교 2022 개정 교육과정 학교자율시간 과목 및 활동 개설 예시자료.
4) 교육부(2022). 2022 개정 국어과 교육과정. 교육부 고시 제2022-33호.
5) 교육부(2022). 2022 개정 교육과정. 교육부 고시 제2022-33호.
6) 경기도교육청(2024). 초등학교 2022 개정 교육과정 학교자율시간 과목 및 활동 개설 예시자료.
7) 경기도교육청(2024). 초등학교 2022 개정 교육과정 학교자율시간 과목 및 활동 개설 예시자료.
8) 경기도교육청(2024). 초등학교 2022 개정 교육과정 학교자율시간 과목 및 활동 개설 예시자료.
9) 경기도교육청(2024). 2022 개정 교육과정에 따른 2025학년도 초등 학교교육과정 편성 안내 자료.
10) 경기도교육청(2024). 2022 개정 교육과정에 따른 2025학년도 초등 학교교육과정 편성 안내 자료.
11) 유영식, 권성희(2024). 학교자율시간 과목 활동 바이블. 테크빌교육.
12) 경기도교육청(2024). 초등학교 2022 개정 교육과정 학교자율시간 과목 및 활동 개설 예시자료.
13) 홍기천. (2019). 융합 수업 모델로서의 노벨 엔지니어링. 한국질적탐구학회 학술대회 자료집, 2019(3), 52-56.
14) 교육부(2020). 정보 AI 역량을 기르고, 차세대 교육기반을 조성하며, 모두가 누리는 정보교육종합계획(안).
15) H. Lynn Erickson, Lois A. Lanning, Rachel French (2017). Concept-Based Curriculum and Instruction for the Thinking Classroom, corwin.
16) 이한빈, 신진선. (2021). 노벨 엔지니어링과 함께하는 AI 연극. 2021 SWAI교육 수업 우수사례 공모전 수상작 자료집(융합), 5-45.
17) 유영식, 권성희(2024). 학교자율시간 과목 활동 바이블. 테크빌교육.
18) 유영식, 권성희(2024). 학교자율시간 과목 활동 바이블. 테크빌교육.
19) 경기도교육청(2024). 초등학교 2022 개정 교육과정 학교자율시간 과목 및 활동 개설 예시자료.
20) 교육부(2024). 디지털 소양 과 컴퓨팅 사고력을 키우는 정보교육. 제2차 정보교육 종합계획(안).
21) 교육부(2024). 창의적 문제해결력을 키우며 함께 성장하는 융합교육(STEAM). 제3차 융합교육(STEAM) 종합계획(안).
22) 최은영(2019). Novel Engineering 수업모델 활용을 위한 도서선정 및 지도안 연구:자동화설비 교과목 중심으로. 석사학위논문. 인천대학교 교육대학원.
23) 박은비(2022). 노벨 엔지니어링(NE) 지도를 위한 학년군별 그림책 선정 기준 연구. 석사학위논문. 한국교원대학교 교육대학원.

2장

우리의 바다, 우리의 미래

[활동의 개관]

활동 교과	국어	적용 학년	3학년
적용 학기	2학기	적용 시간	29
사용 교재	☐ 기존 개발 도서(시중 유통 도서) ■ 교과서 없이 교수·학습 자료 활용		

[활동의 설계]

1. 활동명: 우리의 바다, 우리의 미래

2. 활동 개설의 필요성 및 목표

지구가 겪고 있는 기후 위기 문제는 나날이 갈수록 심해지고 있다. UNESCO 교육보고서(2020)[1]에서도 지구의 생태적 위기를 당면에 해결해야 할 과제로 제시하였으며, 기후 위기 시대를 맞이하기 위한 새로운 교육의 대전환이 요구되고 있다(환경부, 2020).[2]

이에 2022 개정 교육과정 총론[3]에서 생태 전환 교육의 중요성을 명시한 바 있다. 생태 전환 교육은 '기후 변화와 환경 재난 등에 대응하고 환경과 인간의 공존을 추구하며, 지속 가능한 삶을 위한 모든 분야와 수준에서의 생태적 전환을 위한 교육'으로 정의된다(교육부, 2021).[4] 즉 단순히 환경 보호의 필요성을 언급하는 소극적 형태의 교육을 넘어서 환경 감수성을 기반으로 '인식의 전환'을 이루어 낼 수 있어야 한다는 것이다(윤나은, 서은정, 2022).[5] 환경 감수성은 환경에 대해 공감의 시각을 가지고 바라보는 관점으로(Peterson, 1982),[6] 환경 감수성이 높아질수록 환경 문제에 대해 감정 이입 정도가 상승하여 문제를 적극적으로 해결하려는 실천 의지를 가지게 된다(이현민, 이상원, 2010).[7]

환경 감수성을 기반으로 교육의 생태적 전환을 이루기 위해 본 학교자율시간에서는 독서 교육과 실천적 음악 교육을 융합한 노벨 엔지니어링 수업 모델을 활용할 것이다. 먼저, 독서는 인간이 삶에 필요한 가치 있는 지식과 경험을 학습하게 하며 바람직한 자아 개념의 형성을 돕는다(교육부, 2015).[8] 환경을 주제로 한 도서를 읽고 생태 중심의 체험활동을 수행하는 과정에서 학생들은 환경 감수성을 높이고, 환경에 대한 실천 소양을 함양할 수 있을 것이다(이소진, 배진호, 2022).[9] 책을 통해 기후 위기 문제를 자신의 문제로 인식하고 새 활용 무드등, 친환경 장난감 만들기와 같은 다양한 창작 활동을 경험하며, 지구 공동체 구성원으로서 가져야 할 올바른 자세와 책임감을 기르게 된다. 다음으로, 실천적 음악 교육은 음악을 만들어 내는 실천적 과정과 행위 자체를 중요시하며 음악의 테크닉 습득보다는 실행적이고 실천적인 측면을 강조한다(Elliott, 1995).[10] 음악을 통해 몸으로 느끼고, 상상하며 표현하고자 하는 대상에 집중하기 때문에 기후 위기 상황에 진정으로 공감하도록 도와줄 수 있다(최진경, 2022).[11] 이야기 속 해양 오염으로 고통받는 생물의 입장을 음악으로 표현해 내는 과정에서 정서적 소통이 이루어지고, 지구 공동체원으로서 연대 의식을 강화할 수 있을 것이다.

[편제]

구분			국가 기준	3~4학년군		
				3학년	4학년	계 (증감)
교과 (군)	공통 교과	국어	408	194	204	398 (-10)
		학교자율시간		29	0	+29
		사회/도덕 사회	272	204	97	102	199 (-5)
		사회/도덕 도덕		68	32	34	66 (-2)
		수학		272	134	136	270 (-2)
		과학		204	102	102	204
		체육		204	102	102	204
		예술 음악	272	136	68	68	136
		예술 미술		136	68	68	136
		영어		136	68	68	136
창의적 체험활동(자·동·진)			204	92	102	194 (-10)
소계			1,972	986	986	1,972

[교수·학습 방향 및 내용 체계] ·····································

생태 전환 교육	
핵심 아이디어	▶ 독서와 음악 표현 활동은 삶의 문제를 해결하기 위해 지구 공동체 구성원과 소통하는 과정이다. ▶ 친환경적인 창작 활동은 환경 감수성을 풍부하게 하며 지속 가능한 삶을 유지하는 기반이 된다. ▶ 인간은 자연과 조화를 이루며 살아가는 경험을 통해 지구 공동체의 일원으로 성장한다. ▶ 지구 공동체를 위한 협력적 행동은 앎을 확장하고 자기 주도적인 성찰을 가능하게 한다.

지식·이해	과정·기능	가치·태도
▶ 지속 가능한 삶과 환경 문제 ▶ 환경 보호와 새 활용 ▶ 독서와 삶의 연관성	▶ 생태 위기 문제 탐구하기 ▶ 환경 문제를 감각적으로 표현하기 ▶ 친환경 창작물 제작하기 ▶ 이야기로 소통 및 협력하기	▶ 환경에 대한 감수성 ▶ 환경·생태 의식 ▶ 지구 공동체에 대한 관심 ▶ 이야기 효능감과 실천 의지

[기존 교과와의 연계 가능한 내용 요소 추출] ·····················

범주	국어	사회	음악	자율·자치 활동
지식·이해	▶ 친숙한 화제의 글 ▶ 이야기	▶ 이용과 개발에 따른 환경 변화 ▶ 우리가 사는 곳의 환경	▶ 소리와 음악 ▶ 느낌, 상상	▶ 생활 속 여러 문제
과정·기능	▶ 단어의 의미나 내용 예측하기 ▶ 자신의 경험을 바탕으로 읽기 ▶ 감각적 표현 활용하여 표현하기	▶ 학생의 관점에서 살기 좋은 환경의 조건 나열하기	▶ 즉흥적으로 표현하기 ▶ 부분적으로 바꾸기	▶ 다양한 주제 활동 ▶ 공동체를 통한 의사소통 경험
가치·태도	▶ 읽기 효능감	▶ 우리가 사는 곳의 환경에 대한 감수성	▶ 음악의 새로움을 즐기는 태도	▶ 환경·생태 의식 ▶ 창의성

[성취기준]

[3국노벨생태-01] 자신의 경험을 바탕으로 작품을 감상하고, 더 나은 지구를 만드는 방안을 탐색한다.

[3국노벨생태-02] 생태 위기 문제를 감각적으로 표현하며 환경에 대한 감수성을 함양한다.

[3국노벨생태-03] 새 활용의 의미를 이해하고, 환경 보호를 위한 친환경 창작물을 창의적으로 제작할 수 있다.

[3국노벨생태-04] 지구 공동체에 대한 관심을 바탕으로 지속 가능한 삶의 중요성을 인식하고 이를 실천하려는 의지를 형성한다.

[3국노벨생태-05] 이야기를 활용하여 타인과 소통하고 협력하는 과정에서 환경·생태 의식을 기른다.

[차시 흐름]

단계	성취기준	차시	수업 주제	세부 활동 내용	비고
책 읽기	[3국노벨생태-01]	1~2	바닷속 이야기, 우리가 구해야 할 것들	'바다를 살리는 비치코밍 이야기' 읽기	
		3		#북스타그램	
문제 인식	[3국노벨생태-02]	4~5	바다가 들려주는 슬픈 이야기	어두운 면 그리기	
		6~7		바다에게 들려주는 음악 일기	
해결책 설계	[3국노벨생태-01] [3국노벨생태-02] [3국노벨생태-05]	8~9	쓰레기에서 보물로, 해양 오염을 막아라!	나는야, 플라스틱 조사단!	평가
		10~11		새 활용 무드등 만들기	
		12~16		새 활용 악기로 바다 구하기	
창작물 만들기	[3국노벨생태-03]	17~18	지구를 지키는 친환경 발명가	바다를 살리는 천연 수세미	
		19~20		친환경 놀이 장난감 만들기	
		21~23		우유로 친환경 플라스틱 만들기	
		24~25		친환경 플라스틱 전시회 개최하기	
이야기 바꾸어 쓰기	[3국노벨생태-04] [3국노벨생태-05]	26~28	우리가 지켜 낸 미래의 바다	미래의 바다 이야기 만화 그리기	평가
		29		발표 및 공유하기	

[차시 설명] ··

<책 읽기> 바닷속 이야기, 우리가 구해야 할 것들

1~2차시: '바다를 살리는 비치코밍 이야기' 읽기 - 활동지 ①

수업 열기	▶ 책에서 전하고자 하는 환경 문제 이야기하기 ▶ 책 표지를 통해 펼쳐질 이야기 예상하기
수업 흐름	▶ 책 속 등장인물 탐구하기 ▶ 책 읽고 질문에 답하기
수업 마무리	▶ 인상 깊은 장면 또는 사진 나누기

《바다를 살리는 비치코밍 이야기》는 태평양 폴리네시아 바닷속 생태계를 지키는 인어공주인 '코딜리아'와 대한민국 부산 해운대에 사는 초등학교 3학년 '우주'가 서로 주고받는 편지를 바탕으로 바닷속 플라스틱 오염에 관해 이해하기 쉽게 풀어낸 책이다. 태평양의 쓰레기 섬, 인간에게 결국 돌아오는 플라스틱과 같이 현재 인류가 직면한 플라스틱 쓰레기 문제에서 시작하여 비치코밍과 같이 우리가 실제로 문제 해결에 참여할 수 있는 방법까지 폭넓게 다루고 있다.

책 제목과 표지를 함께 살펴보며 어떤 환경 문제를 나타내고 있는지, 무슨 이야기가 펼쳐질지 생각해 보자. 그 후 책 속 등장인물의 특징에 대한 이해를 바탕으로 책을 읽으며 다음과 같은 간단한 질문을 만든 후 상대방과 묻고 답하는 활동을 진행할 수 있다.

▶ **《바다를 살리는 비치코밍 이야기》를 읽고, 다음 질문에 대한 답을 적어 봅시다.**

1. 1997년 태평양을 건너던 찰스 무어 선장이 발견한 한반도보다 7배 이상 큰 섬의 이름은 무엇일까요?

[답: 플라스틱 아일랜드]

2. 바다의 플라스틱 문제는 전 세계적으로 해결해야 할 문제이다. (O/X)

[답: O]

3. 플라스틱을 불에 태우면 나오는 물질로, 환경 파괴는 물론 사람의 몸에도 해로운 이것은 무엇일까요?

[답: 환경호르몬 또는 다이옥신]

4. 우리나라에서 버린 플라스틱은 우리나라 바다 앞에서만 볼 수 있다. (O/X)

[답: X]

5. '죽음의 알갱이'라고 불리는 5mm 이하의 고체 플라스틱 알갱이를 무엇이라고 부를까요?

[답: 미세 플라스틱]

6. 미세 플라스틱 조각을 오랫동안 섭취하게 되면 우리 몸에 어떤 변화가 생길까요?

[답: (예) 사람의 몸에 달라붙어 나중에 질병을 일으킬 수 있다.]

7. 바다를 빗질하듯 바다 표류물이나 쓰레기를 주워 모으는 행동을 무엇이라고 부를까요?

[답: 비치코밍]

8. 환경의 날은 몇 월 며칠일까요?

[답: 6월 5일]

9. 질문 (   )

[답:]

10. 질문 (   )

[답:]

또한, 해양 오염으로 고통받는 해양 생물의 사진, 플라스틱으로 뒤덮인 바다 사진과 같이 인상 깊은 장면이나 사진에 대해 이야기를 나누며 플라스틱 문제의 심각성을 인지하고, 이에 공감할 수 있을 것이다. 본 도서는 128쪽으로 글밥이 초등학교 3학년 수준에 적정한 편이나 바닷속 플라스틱 문제를 다룬 책은 다양하므로, 학급 수준에 알맞은 같은 주제의 다른 도서로 대체하여 수업해도 무방하다.

3차시: #북스타그램

수업 열기	▶ 책 내용 떠올리기
수업 흐름	▶ 책을 훑어 읽고 마음에 드는 문구 고르기 ▶ 북스타그램 만들기 ▶ #북스타그램 전시회 열기
수업 마무리	▶ 활동 소감 발표하기

지난 활동에서 읽었던 책의 내용을 떠올린 후 책을 다시 한번 훑어 읽으며 가장 마음에 드는 문구를 고른다. 책의 핵심을 관통하는 문장도 좋고, 독서 후 자신에게 크게 와닿았던 문장을 선정해도 좋다. 북스타그램을 만들기 위해 '글그램'이라는 플랫폼을 사용해 보면 어떨까? '글그램'은 사용 방법이 간단하여 기초 조작 방법만 익히면 누구든지 나만의 문구를 아름답게 꾸밀 수 있다. 다만, 이 활동의 핵심은 책 속에서 문구를 찾는 것에 있으므로 스마트 기기 사용이 어려운 학급에서는 종이에 문구를 직접 쓰는 방식으로 대체해도 무방하다.

글그램으로 북스타그램 만들기

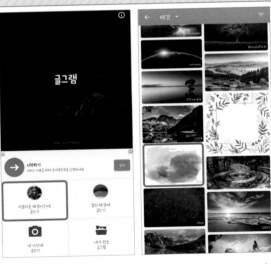  

① '글그램' 애플리케이션을 실행한 후, [아름다운 배경 사진에 글쓰기]를 선택한다.

② 원하는 배경 사진을 찾는다. 문구의 내용과 어울리는 사진으로 골라 보자.

③ 사진에 어울리는 비율을 선택할 것이다. 원하는 비율이 없다면 '사용자 지정'을 선택하면 된다.

④ 책에서 고른 문구를 입력한 후, '스타일', '글꼴', '글자 색'을 지정하고 우측 상단의 [저장]을 눌러 이미지로 저장해 보자.

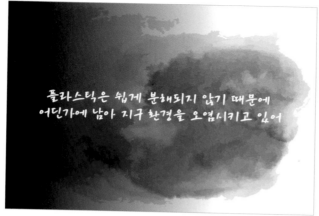

　나만의 북스타그램을 완성했다면 학급 게시판 또는 공유 플랫폼에 게시하여 북스타그램 전시회를 개최한 후 활동 소감을 발표해 보자. 학생들은 북스타그램 속 문구를 감상하며 자연스럽게 책의 내용에 대한 이야기꽃을 피울 수 있었다.

<문제 인식> 바다가 들려주는 슬픈 이야기

4~5차시: 어두운 면 그리기 – 활동지 ②

수업 열기	▶ 우리 삶 속 플라스틱 문제 알아보기
수업 흐름	▶ 플라스틱 문제를 해결하지 못했을 최악의 경우 상상하기 ▶ 플라스틱 문제의 가장 어두운 면 그리기
수업 마무리	▶ 어두운 면을 긍정적으로 바꾸기

본 차시는 디자인 사고 기법 중 상황을 가장 부정적으로 바꾸어 생각해 보는 '어두운 면' 활동을 사용하였다. 인류가 플라스틱 문제를 해결하지 못했을 때 어떤 미래가 펼쳐질지 최악의 경우를 상상하며 문제의 심각성을 파악하고, 이를 반대로 생각하여 다시 긍정적인 방법으로 환기하는 것이 목적이다.

먼저, 우리 삶 속에서 겪고 있는 플라스틱 문제에 대해 생각해 보자. 주변의 물건들과 분리수거함을 살펴보면 플라스틱이 많이 사용되고 쉽게 버려진다는 사실을 확인할 수 있다. Youtube 영상을 활용하여 플라스틱 쓰레기 문제는 책 속에서만 존재하지 않는다는 점을 학생들이 체득할 수 있도록 도와줄 것이다.

영상의 내용을 바탕으로 그다음 10년, 20년, 그 너머의 먼 미래까지 문제 상황이 지속된다면 어떤 최악의 미래가 펼쳐질지 적고 상상하여 그려 보자. 내가 상상한 최악의 미래를 표현하는 한 문장의 말을 덧붙여 보는 것도 좋겠다. 이때 채색에 집중하기보다는 플라스틱 문제의 심각성을 나타내는 데 집중하도록 안내한다.

---

1. 플라스틱 문제가 해결되지 않았을 경우 최악의 미래를 상상하여 적어 봅시다.

   (   )

2. 내가 상상한 최악의 미래를 그려 봅시다.

(그림 그리기)

(한 문장의 말 적기)

　학생들은 먼 미래의 지구에 사람조차 살 수 없을 정도로 많은 쓰레기로 뒤덮이는 모습이나 태평양 한가운데 있는 플라스틱 섬이 커져 사람이 사는 육지 앞까지 다가오게 된 미래를 상상하였다. 이제 서로의 작품을 감상하며 반대로 어두운 면을 어떻게 긍정적으로 바꿀 수 있을지 이야기해 보자. 플라스틱 섬이 우리 집 앞으로 와 뒤덮이는 것을 막기 위해 우리가 어떤 일을 해야 할지 함께 고민하였다. 어두운 면 활동을 통해 최악의 미래가 현실로 다가오지 않아야 한다는 위기의식을 느낄 수 있을 것이다.

6~7차시: 바다에게 들려주는 음악 일기 - 활동지 ③

수업 열기	▶ 책에서 플라스틱으로 고통받는 해양 생물 찾아보기
수업 흐름	▶ 해양 생물의 아픔을 다양한 악기로 표현하기 ▶ 해양 생물의 입장이 되어 음악 일기 쓰기 ▶ 바다에게 들려주는 음악 일기 발표하기
수업 마무리	▶ 느낀 점 나누기

　　앞의 차시에서 그림을 통해 플라스틱 문제의 심각성을 파악했다면, 고통받는 해양 생물의 외침을 음악으로 표현할 차례다. 책 속에는 물고기, 고래, 바다거북 등 플라스틱 쓰레기에 뒤덮여 생명력을 잃어 가는 해양 생물의 이야기가 등장한다. 플라스틱을 먹이로 착각하고 먹는 물고기, 그물에 걸린 바다표범, 선크림으로 하얗게 변해가는 산호초… 해양 생물의 신음 소리를 여러 가지 악기 중 하나를 선택하여 연주해 보자. 캐스터네츠, 트라이앵글과 같은 리듬 악기, 실로폰, 리코더와 같은 가락 악기뿐만 아니라 연필깎이와 같은 생활 소품도 모두 가능하다. 완성된 음악을 만드는 데 집중하기보다는 해양 생물의 아픔을 짧은 효과음으로 표현할 수 있도록 안내해 주자.

---

1. 바닷속 플라스틱 문제로 ① **어떤 해양 생물이** ② **무슨 고통을 받고 있는지** 책 속에서 찾아 적어 봅시다.
　(①　　　　　　　　　　　　　　② 　　　　　　　　　　　　　　　　　　　　　　　　　　　　　)

2. 1번에서 적은 해양 생물의 아픔을 악기로 표현하기 위한 계획을 세우고, 연주해 봅시다.
　(1) 사용하고 싶은 악기: (　　　　　　　　　　　　　　)
　(2) 연주 방법: (　　　　　　　　　　　　　　)

　　북을 처음에 천천히 두드렸다가 갈수록 빠르게 치며 물고기에게 위기가 다가오는 것을 표현하거나, 마라카스를 시끄럽게 흔들어 그물에 걸려 고통받는 바다표범의 신음 소리를 나타내기도 하였다. 실로폰으로 고래의 울음소리를 연주하거나, 연필깎이를 돌려 하얗게 변해가는 산호초를 실감 나게 표현한 학생은 주변 친구들의 감탄을 자아내었다.

　　이제 해양 생물의 입장에서 플라스틱 쓰레기로 고통받았던 경험을 녹여 음악 일기를 적어 볼 것이다. 일기를 작성할 때는 앞서 음악으로 표현한 해양 생물의 외침을 포함시키도록 한다. 바다에게 들려주는 음악 일기를 쓰고 나면, 악기로 연주해야 하는 구간을 잘 보이게 표시하자.

3. 해양 생물의 입장이 되어 음악 일기를 써 봅시다.

4. 바다에게 들려주는 음악 일기를 발표하고, 느낀 점을 적어 봅시다.

　（　　　　　　　　　　　　　　　　　　　　　　　　　　　　　　　　　）

　　마지막으로 완성한 음악 일기를 발표할 것이다. 일기를 읽으며, 해양 생물의 아픔이 등장할 때마다 2번에서 연습한 음악을 같이 연주한다. 친구들의 음악 일기를 감상할 때 수업의 주제와 해양 오염의 심각성을 떠올리게 하여 진지한 분위기 속에서 발표가 진행될 수 있도록 유도한다. 본 활동을 통해 음악으로 소통하며 해양 생물에 대한 깊은 공감을 끌어낼 수 있을 것이다.

<해결책 설계> 쓰레기에서 보물로, 해양 오염을 막아라!

8~9차시: 나는야, 플라스틱 조사단! – 활동지 ④ [평가]

수업 열기	▶ 교실 속 플라스틱을 찾아라!
수업 흐름	▶ (가정 연계) 일상생활 속 플라스틱 조사하기 ▶ 조사 결과 분석하기 ▶ 플라스틱 조사 결과 발표하기
수업 마무리	▶ 플라스틱 문제 해결 방안 추천하기

일상생활에서 만나는 플라스틱에는 무엇이 있을까? 당장 교실만 둘러봐도 책상, 의자, 학용품, 책가방, 시계 등 우리 주변에는 수많은 플라스틱이 존재한다. 교실 속 플라스틱을 찾으며 실제 얼마나 많은 플라스틱이 사용되고 있는지 체감할 수 있을 것이다.

이번에는 생활 속에서 자주 사용되는 플라스틱을 조사해 보자. 해당 차시 수업 전, 미리 플라스틱 조사 과제를 내주는 것을 추천한다. 조사 분야는 다음의 두 가지이다. **첫째, 집, 학교 등 우리 주변에서 사용되는 플라스틱 물건을 찾아보는 것이다.** 해당 조사를 바탕으로 우리 주위에 만연하게 퍼져 있는 플라스틱의 사용에 대해 성찰해 볼 수 있다. **둘째, 요일별로 버려지는 플라스틱 쓰레기의 종류와 그 개수를 조사하는 것이다.** 이 과정에서 버려지는 플라스틱의 양을 확인하게 된다.

1. 우리 주변에서 사용되는 플라스틱을 장소별로 찾아서 적어 봅시다.

장소	플라스틱이 사용된 물건

2. 요일별로 버려지는 플라스틱 쓰레기를 조사하고, 반복되는 품목에는 ○ 표시를 해 봅시다.

요일	버려지는 플라스틱 쓰레기
월요일	(예) 생수병 1개,
화요일	
수요일	
목요일	
금요일	
토요일	
일요일	

각자 집에서 조사해 온 결과를 모둠별로 합쳐 분석해 볼 차례다. 먼저, 장소별로 사용되고 있는 플라스틱을 합쳐서 비교해 보자. 서로의 결과를 공유하며, 미처 몰랐던 플라스틱 물건이 있다면 추가로 적어 보도록 한다. 다음으로 요일별, 종류별 플라스틱 쓰레기 배출량 통계를 낼 것이다. 통계 결과를 바탕으로 플라스틱 쓰레기 배출량이 많은 요일과 가장 많이 배출되는 플라스틱 쓰레기를 찾고, 그 원인을 분석한다.

3. 모둠별로 조사 결과를 공유하여 요일별로 어떤 플라스틱 쓰레기가 얼마만큼 버려졌는지 확인해 봅시다.

요일 \ 종류						
월요일						
화요일						
수요일						
목요일						
금요일						
토요일						
일요일						

4. 우리 모둠의 플라스틱 쓰레기 배출량이 가장 많은 요일은 (   )요일입니다.

　　이유는 (   )

5. 우리 모둠에서 가장 많이 배출된 플라스틱 쓰레기는 (   )입니다.

　　이유는 (   )

조사 결과가 정리되면 모둠별로 발표를 진행한다. 다른 모둠의 발표를 들으며 플라스틱 문제의 해결 방안을 서로에게 추천해 줄 것이다. 반복적으로 버려지는 플라스틱의 사용을 줄이거나, 대체해서 사용 가능한 플라스틱은 바꾸는 등의 해결 방안이 제시될 수 있다. 학생들은 해당 활동을 통해 플라스틱의 사용량과 배출량을 직접적으로 느끼고, 충분히 자신들의 노력으로 플라스틱 사용을 줄여 나갈 수 있음을 인지하게 된다.

[평가]

성취기준	평가 요소	평가 방법	평가 기준		평가 시기
[3국노벨생태-01] 자신의 경험을 바탕으로 작품을 감상하고, 더 나은 지구를 만드는 방안을 탐색한다.	일상생활 속 플라스틱 사용 현황 조사하기	[활동 중심 수업] 우리 주변에 활용되고 있는 플라스틱을 찾아봄. 요일별로 버려지는 플라스틱의 사용량을 조사함. 플라스틱 쓰레기 배출량에 대한 보고서를 작성하고 그 원인을 분석함. [보고서법]	매우 잘함	우리 주변에 활용되고 있는 플라스틱을 정확히 이해하여 찾고, 요일별로 버려지는 플라스틱의 사용량을 다양하게 조사하여 그 원인을 면밀히 분석한 후 보고서로 정리할 수 있다.	10월
			잘함	우리 주변에 활용되고 있는 플라스틱을 찾고, 요일별로 버려지는 플라스틱의 사용량을 다양하게 조사하여 보고서로 정리할 수 있다.	
			보통	우리 주변에 활용되고 있는 플라스틱을 찾고, 요일별로 버려지는 플라스틱 쓰레기에 대한 보고서를 작성할 수 있다.	
			노력 요함	우리 주변에 활용되고 있는 플라스틱을 찾았으나 요일별로 버려지는 플라스틱 쓰레기 사용량을 분석한 보고서 작성에 어려움을 겪는다.	

10~11차시: 새 활용 무드등 만들기 - 활동지 ⑤

수업 열기	▶ 새 활용(업사이클링)의 의미 알기
수업 흐름	▶ 생활 속에서 실천할 수 있는 새 활용 생각하기 ▶ 나만의 무드등 설계하기 ▶ 나만의 무드등 제작하기 ▶ 새 활용 무드등 전시회 열기
수업 마무리	▶ 새롭게 알게 된 점, 느낀 점 나누기

　새 활용(업사이클링)은 재활용을 넘어 버려지는 물건에 의미를 부여하여 새롭게 탄생시키는 것을 이르는 말이다. 플라스틱은 한 번 탄생하면 분해되기까지 너무나 오랜 시간이 걸리기 때문에, 이미 생겨난 플라스틱을 똑똑하게 다시 사용하는 것도 중요한 해결 방안 중 하나이다. 이번 차시에는 버려지는 플라스틱 통을 무드등으로 재탄생시키며 새 활용의 유용성을 경험할 것이다.

　새 활용의 의미를 이해하는 것에서부터 수업이 시작된다. 기존 플라스틱 재활용 비율이 9~10% 정도에 머무르고 있기 때문에 플라스틱 쓰레기를 새로운 물건으로 탄생시키는 새 활용이 필요함을 인식시켜 준다. 생활 속에서 실천할 수 있는 새 활용에는 어떤 것이 있을까? 지난 차시에서 가장 많이 버려졌던 플라스틱 쓰레기를 떠올려 보면, 가장 큰 비중을 차지하는 것은 보통 생수, 음료수에 담는 플라스틱병일 것이다. 더 이상 쓰지 않거나 버려지는 플라스틱병을 활용하여 나만의 무드등을 만들어 보자. 먼저 무드등에 어떤 메시지를 담을지 생각한다. 나뭇잎, 색종이와 같이 다양한 소품을 활용하여 꾸밀 수도 있다.

담고 싶은 메시지:

(나만의 무드등 설계도 그리기)

설계도를 참고하여 나만의 무드등을 제작해 보자. 활동에 필요한 준비물은 다음과 같다. 학급 상황에 따라 준비물은 자유롭게 변경해도 좋다. 플라스틱병 안에 있는 미니 전구가 밖에서도 보여야 하기 때문에 투명한 플라스틱병으로 가져올 수 있도록 사전에 안내한다.

교사 준비물	미니 전구, 데코펜
학생 준비물	깨끗하게 씻은 공병이나 플라스틱 컵 등, 꾸미기에 필요한 각종 소품(나뭇잎, 색종이 등)
만드는 방법	① 미니 전구와 가져온 소품을 플라스틱병 안에 넣는다. ② 플라스틱병의 표면에 담고 싶은 나만의 메시지를 데코펜으로 적는다.

나만의 무드등이 완성되면 한데 모아 새활용 무드등 전시회를 개최할 순서다. 새 활용으로 재탄생한 무드등을 감상하며 새롭게 알게 된 점과 느낀 점을 이야기 나눈다. 이 과정에서 새활용의 유용성을 느끼고, 플라스틱 문제를 해결하기 위한 실천 의지를 다질 수 있을 것이다.

12~16차시: 새 활용 악기로 바다 구하기 - 활동지 ⑥

수업 열기	▶ 버려진 플라스틱의 새로운 변신, 새 활용 악기
수업 흐름	▶ 새 활용 악기 만들기 ▶ 노래 가사 개사하기 ▶ 새 활용 음악회 연습하기 ▶ 새 활용 음악회 발표하기
수업 마무리	▶ 느낌 나누기

12~16차시는 분리배출함 속 플라스틱 쓰레기를 새활용 악기로 탈바꿈한 후 노래 가사를 개사하여 악기와 함께 연주하며 부르는 활동이다. 이전 차시에서는 플라스틱병을 무드등으로 바꾸었다면 이번에는 악기로 재탄생시켜 새 활용의 다양한 가능성에 대해 생각해 볼 수 있도록 하였다.

수업의 도입에서 Youtube 영상[12]을 활용하여 버려진 다양한 쓰레기가 어떻게 악기로 변신하였는지 보여 준다. 영상을 시청하며 플라스틱으로 어떤 악기를 만들면 좋을지 생각해 보도록 하였다.

[글로벌K] 버려진 쓰레기가 악기로 변신...'재활용 음악' 오케스트라 / KBS 2021.12.29.
조회수 3.3천회 · 2년 전

KBS News
음악을 연주하는 오케스트라 단원들. 그런데 중간중간 어딘지 특이해 보이는 악기들이 눈에 띕니다. 스페인의 한 환경단체가 일명

이번에도 사용하지 않는 플라스틱 쓰레기를 활용할 것이다. 필자는 본 수업을 위해 한 달간 학급 분리배출함에서 나오는 다양한 종류의 플라스틱병을 모아 깨끗하게 씻고 말린 뒤 수업에 사용하였다. 학급 상황에 맞게 가정에서 악기로 사용할 병이나 통을 가져오도록 해도 무방하다. 플라스틱의 모양에 따라 다양한 종류의 악기를 만들 수 있는데, 다음의 예시를 참고하자.

악기 종류	연주 방법	제작 방법
타악기	흔들기	플라스틱 안에 콩이나 쌀을 집어 넣고 뚜껑을 닫는다.
	막대로 치거나 때리기	다양한 크기의 플라스틱과 적당한 길이의 막대를 준비한다.
현악기	줄을 뜯거나 튕기기	넓적한 모양의 플라스틱을 준비하고, 뚜껑을 연 후 고무줄을 끼운다. 끼워진 고무줄의 굵기에 따라 음의 높낮이가 달라진다.
관악기	입술을 모아 '후-' 하고 불기	길쭉한 플라스틱(생수, 음료수 병)에 물을 다양한 높이로 담는다. 물을 많이 담을수록 높은 소리가 난다.

겉면에는 깨끗한 바다가 되기를 바라는 염원을 담아 채색 도구로 꾸며 준다.

악기가 완성되었다면 우리가 이미 알고 있거나 수업 시간에 배운 간단한 노래의 가사를 바닷속 플라스틱 문제를 알리는 내용으로 바꿀 것이다. 〈구슬비〉, 〈나비야〉, 〈작은 별〉과 같이 모두에게 익숙한 노래를 선곡해 보자. 가사를 개사할 때는 원래 가사의 글자 수와 비슷하게 변경하여 노래를 부를 때 어려움이 생기지 않도록 안내한다. 본 활동은 개인으로도 충분히 가능하나 학급에서 만든 악기의 종류가 다양하다면, 다양한 악기를 하나의 팀으로 묶어 2~4명이 하나의 가사를 개사할 수 있도록 지도해도 좋다. 노래 가사 개사가 끝나면 내가 만든 새활용 악기를 어디에서 연주할지 가사에 직접 표시하도록 한다.

내가 고른 노래의 제목	새롭게 바꾼 노래의 제목
(예) 작은 별	(예) 플라스틱 바다
〈원래 가사〉	〈바꾼 가사〉
(예) 반짝반짝 작은 별 아름답게 비추네	(예) 플라스틱 가득해 바다 엉엉 울어요
동쪽 하늘에서도 서쪽 하늘에서도	물고기들 집인데 쓰레기가 넘치네

활동지에 적은 내용을 바탕으로 새 활용 음악회를 발표하기 위한 노래 부르기, 악기 연주 연습을 시작한다. 열심히 연습하여 음악적으로 성숙한 모습을 보여 주는 것도 중요하지만, 바닷속 플라스틱 문제를 노래로 알리는 것이 목적인 만큼 가사의 전달력을 높이고, 새 활용 악기로 연주한다는 것 그 자체의 의미를 강조하였다.

연습이 끝났다면 개인별 혹은 팀별로 나와 새활용 악기로 연주하며 새롭게 개사한 노래를 부를 시간이다. 음악회를 시작하기 전 가사의 의도와 악기에 대한 설명을 간략하게 덧붙이는 것도 좋겠다. 마지막으로 서로의 느낌을 나누며 새 활용의 의미를 되새겨 보자. 학생들은 우리의 노래 속에 담긴 진심이 바다와 지구에게 전해졌으면 좋겠다는 열망을 드러내며 지구 공동체원으로서의 책임감을 느꼈다.

<창작물 만들기> 지구를 지키는 친환경 발명가

17~18차시: 바다를 살리는 천연 수세미 – 활동지 ⑦

수업 열기	▶ 미세 플라스틱 문제, 얼마나 심각할까?
수업 흐름	▶ 천연 수세미의 특징과 장점 조사하기 ▶ 천연 수세미 사용 계획 세우기 ▶ (가정 연계) 천연 수세미 사용 일지 작성하기
수업 마무리	▶ 사용 일지 공유하기

바닷속 플라스틱 문제와 관련된 책을 읽고 해양 오염 문제 상황에 깊이 공감하였으며 생활 속 해결 방안을 찾는 과정에서 새 활용의 필요성을 느꼈다면, 이제 지구를 지키기 위한 친환경 발명가가 되기 위한 준비는 모두 끝났다. 이번 차시에서는 미세 플라스틱 문제를 해결하기 위해 천연 수세미를 직접 사용해 보는 활동으로 구성하였다.

책 속에서는 미세 플라스틱의 심각성에 대해 이렇게 말한다.

"앞으로는 '식사 맛있게 드셨어요?'라는 인사말을 '플라스틱 맛있게 드셨어요?'로 바꾸어야 할 지경에 이르게 된 거지."

우리가 버린 플라스틱 쓰레기는 바닷속에서 잘게 쪼개지고, 크기가 작아진 미세 플라스틱은 먹이사슬의 과정을 거쳐 인간의 식탁으로 돌아오게 된다. 해당 과정에 대한 이해를 돕기 위해 아래의 Youtube 영상[13]을 활용할 수 있다.

미세플라스틱에 대해 아시나요?
조회수 11만회 • 6년 전

🅢 소보로

[친환경 소비문화 확산을 위한 콘텐츠 공모전] UCC 부문 장려상 작품 '미세플라스틱에 대해 아시나요?'입니다 ^^ • 수상작들의 지구를 ...
자막

미세 플라스틱 문제의 심각성을 느꼈다면, 미세 플라스틱이 사용되지 않는 천연 수세미를 실제 우리 생활에서 사용해 볼 차례다. 천연 수세미는 수세미 열매를 말려서 만든 친환경 주방용품이다. 천연 수세미를 잘라 물에 묻혀 세제 없이 닦아 내면 주방 수세미로써 충분히 활용 가능하므로 각종 환경 오염 예방에도 효과적이다. 천연 수세미가 어떤 특징과 장점을 가지는지 스마트 기기를 활용하여 조사해 보자. 조사 과정에서 천연 수세미의 효용성을 체감할 수 있을 것이다.

천연 수세미의 특징	천연 수세미의 장점

이제 실제로 천연 수세미를 가정에서 활용해 보자. 가능하다면 수업 시수를 추가로 확보하여 천연 수세미를 텃밭에서 길러 보는 활동도 추천한다. 직접 기른 천연 수세미를 말려 일상생활에서 사용하는 것만큼 좋은 수확도 없기 때문이다. 상황상 수세미 재배가 어렵다면 학기 초, 교육과정 운영을 위한 예산을 확보하여 천연 수세미를 사전에 구매해 두는 것도 좋겠다. 가정에서 설거지 등 천연 수세미를 5일간 직접 사용해 보며 일지를 작성할 것이다. 학생들은 가정일도 도우며 지구를 지키는 일석이조의 뿌듯함을 느낄 수 있다.

〈천연 수세미 사용 일지〉					
사용 날짜					
사용 과정					
사용 소감					

수업을 마무리하며 가정에서 체험한 내용을 담은 사용 일지를 학급 친구들 앞에서 발표할 것이다. 서로의 천연 수세미 사용 경험을 들으며, 지구 공동체 구성원으로 환경 개선을 위한 실천 의지를 다져 보자.

19~20차시: 친환경 놀이 장난감 만들기

수업 열기	▶ 플라스틱 뚜껑으로 만들고 싶은 대상 떠올리기
수업 흐름	▶ 병뚜껑 연결 방법 익히기 ▶ 친환경 놀이 장난감 만들기
수업 마무리	▶ 친환경 놀이 장난감 전시하기

　여태까지 플라스틱병으로 새 활용 무드등도 만들고, 새 활용 악기도 만들어 보았다. 플라스틱병 위에 있는 뚜껑은 어떻게 다시 사용할 수 있을까? 본 활동에서는 플라스틱 뚜껑을 모아 나만의 친환경 놀이 장난감을 만들어 볼 것이다.

　활동의 원활한 진행을 위해서는 사전에 플라스틱 뚜껑을 많이 모아 두어야 한다. 필자는 프로젝트를 시작하며 버려지는 플라스틱 뚜껑을 깨끗이 씻어서 학생들과 함께 한 달 동안 열심히 모았다.

　먼저, 플라스틱 뚜껑으로 만들 수 있는 대상을 떠올리도록 한다. 지난 수업을 통해 새 활용을 여러 차례 경험했기 때문에 플라스틱 뚜껑을 쌓아 미술 작품으로 재탄생시키자는 의견을 가장 많이 제시하였다. 플라스틱 뚜껑을 연결하기 위한 보조 도구로 '플레이31' 회사의 '도도리(dodori)' 제품을 사용할 것이다.[14] 따라서 이를 구매하기 위한 예산을 학기 초에 확보해 놓는 것을 권장한다. 한 세트에 조립 블록이 80개 들어 있으며, 30,000원 이하의 가격대로 저렴한 편이다. 또한, 사용 방법이 어렵지 않은 데다 Youtube 설명 영상[15]도 제공되고 있으니 참고하자.

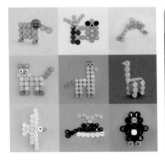
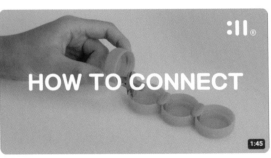

[도도리] 병뚜껑 연결 방법
조회수 780회 • 2년 전

도도리 dodori

병뚜껑을 연결하는 놀이블록, 도도리 병뚜껑

　　도도리의 사용 방법을 익혔다면, 어떤 종류의 친환경 놀이 장난감을 만들고 싶은지 생각한 후 창의성을 발휘하여 만들어 보자. 2D와 3D 모양 둘 다 제작 가능하다. 프로젝트의 주제에 맞게 책 속에서 읽었던 해양 생물을 만드는 학생도 있었으며, 모둠 친구들과 하나의 주제를 선정하여 협동 작품을 제작하기도 하였다.

 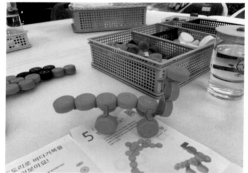

　　모두의 친환경 놀이 장난감이 완성되면 전시를 통해 수업을 마무리해 보자. 플라스틱 뚜껑의 새로운 변신을 감상하며 새활용의 즐거움을 톡톡히 느낄 수 있을 것이다.

21~23차시: 우유로 친환경 플라스틱 만들기

수업 열기	▶ 친환경 플라스틱이란?
수업 흐름	▶ 생활 속 재료로 친환경 플라스틱 만들기 ▶ 친환경 플라스틱으로 나만의 제품 만들기
수업 마무리	▶ 새롭게 알게 된 점 나누기

최근 많은 기업에서 플라스틱의 사용을 최대한 줄이는 '플라스틱 프리(Plastic-free)' 운동에 참여하고 있다. 병을 아예 사용하지 않는 보틀리스(Bottleless) 제품을 출시하거나 생분해가 되는 친환경 플라스틱의 사용을 늘리는 것이다. 우리도 플라스틱 프리 운동에 동참해 보는 건 어떨까? 쉽게 구할 수 있는 생활 속 재료로 친환경 플라스틱을 만들어 보자.

먼저, 친환경 플라스틱에 대한 이해를 돕기 위해 다음 Youtube 영상[16] 속 내용처럼 실제 친환경 플라스틱을 사용한 사례를 찾아본다. 플라스틱의 가장 큰 문제점 중 하나가 소멸까지 오랜 시간이 걸린다는 것인데, 친환경 플라스틱은 생분해가 가능하기 때문에 이러한 단점을 보완할 수 있다.

6개월 만에 녹는 투명페트병…옥수수로 만들어_산업뉴스[산업방송 채널i]
조회수 1.7천회 · 3년 전

산업방송 채널i ✔

[리포트] 땅에서 그대로 녹는 친환경 플라스틱 생수병입니다. 뚜껑과 용기, 라벨 등 모든 포장재가 100% 옥수수 성분의 PLA 소재로 ...
0:00 땅에서 그대로 녹는 친환경 플라스틱 생수 병 입니다. 뚜껑과 용기 라벨 등 모든 포장 자가 100% 옥수수 성분의 피엘에이 소재로 ...

이제 영상 속에 등장하는 친환경 플라스틱을 직접 만들어 볼 차례다. 생활 속 재료로도 손쉽게 친환경 플라스틱을 만들 수 있다. 필요한 재료 및 방법은 다음과 같다.

[준비물] 우유, 식초, 면보, 색소, 종이컵, 키친타월, 주걱, 모양 틀, 장갑, 넓은 쟁반, 수조나 큰 그릇, 버너, 부탄가스

① 냄비에 우유를 2분의 1 정도 넓고 끓인다. (800~100ml)

② 우유가 따뜻해지면 색소를 넣는다.

③ 우유가 끓어오르면 식초 150ml를 넣고, 주걱으로 저어 주며 조금 더 끓여 준다.

(종이컵 6분의 5 정도)

④ 작은 알갱이가 보글보글 끓으며 뭉치기 시작하면 불을 끄고 식히면서 면보를 준비한다. 아래쪽에는 넓은 그릇이나 수조를 받쳐 준다.

⑤ 면보에 끓인 우유를 붓는다. 아래쪽으로 투명한 물이 걸러지고 면보 안에는 우유 알갱이들이 뭉쳐지는 모습을 확인할 수 있다.

⑥ 면보를 힘을 주어 꽉 짜낸다. 많이 짤수록 건조 시간이 줄어들게 된다.

⑦ 넓은 쟁반에 키친타월을 깔고, 모양 틀에 우유 알갱이를 꾹꾹 눌러 담는다.

⑧ 2시간가량 건조하고 나면 친환경 플라스틱이 완성된다.

완성된 친환경 플라스틱을 살펴보면 우리가 흔히 사용하는 플라스틱에 비해 상당히 물렁한 재질임을 알 수 있다. 기존의 플라스틱을 완벽하게 대체하는 것은 불가능하겠지만, 지구를 생각하며 친환경 플라스틱을 만들기 위한 정성을 다했다는 점을 주지시켜 주자. 이미 그 노력만으로도 충분히 유의미한 활동이다.

　이제 친환경 플라스틱으로 나만의 제품을 만들어 보자. 모양 틀에 눌러 담겨 있는 친환경 플라스틱을 본 학생들은 키링이나 조그만 장난감으로 만들자는 의견을 제시하였다. 직접 만든 친환경 플라스틱이 일상생활에서 사용할 수 있는 제품으로 탄생되는 순간을 경험하며 지구 공동체원으로서 연대 의식을 강화할 수 있을 것이다.

24~25차시: 친환경 플라스틱 전시회 개최하기

수업 열기	▶ 친환경 플라스틱의 의미 되새기기
수업 흐름	▶ 친환경 플라스틱 제품 사용 설명서 제작하기 ▶ 친환경 플라스틱 전시회 개최하기
수업 마무리	▶ 느낀 점 나누기

24~25차시에서는 앞서 만든 친환경 플라스틱 제품을 한데 모아 전시회를 개최할 것이다. 지난 시간에 배운 친환경 플라스틱의 의미를 다시 한번 되새기며 바다를 살리기 위해, 더 나아가 지구를 지키기 위해 우리가 어떤 일을 해왔는지 돌이켜 보자.

전시회에 참여하는 사람들에게 필요한 정보를 제공하기 위해 친환경 플라스틱 제품에 대한 사용 설명서를 제작한다. 친환경 플라스틱 제품의 용도와 특징, 사용 시 유의점과 홍보 문구 등을 포함하여 다음과 같이 친환경 플라스틱 제품 사용 설명서를 제작하였다.

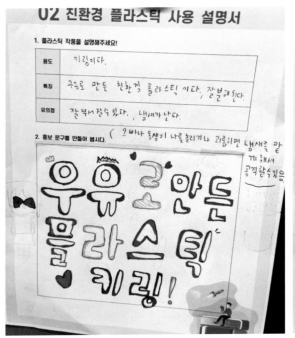

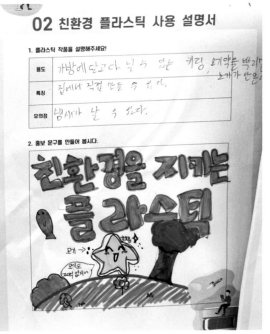

우리가 만든 친환경 플라스틱 제품을 모두가 잘 볼 수 있는 곳에 전시해 보자. 사용 설명서와 홍보 간판 등을 준비해서 같이 비치하는 것을 추천한다. 학교에 있는 다른 학급, 학년 학생들이 전시회의 플라스틱 제품을 보고, 다 같이 플라스틱 문제에 대해 관심을 가질 수 있도록 안내 도우미의 역할을 하는 것도 좋은 방법이다. 나아가 10~16차시에서 만든 새 활용 무드등과 각종 악기, 19~20차시에서 제작한 친환경 놀이 장난감도 함께 전시한다면 새 활용의 다양한 사례를 폭넓게 전달할 수 있을 것이다.

<이야기 바꾸어 쓰기> 우리가 지켜 낸 미래의 바다

26~28차시: 미래의 바다 이야기 만화 그리기 – 활동지 ⑧ [평가]

수업 열기	▶ 지금까지 바닷속 플라스틱 문제를 해결하기 위해 했던 경험 떠올리기
수업 흐름	▶ 미래의 바다 이야기 스토리보드 짜기 ▶ 미래의 바다 이야기 만화 그리기
수업 마무리	▶ 완성된 만화 자기 점검하기

  지금까지 바닷속 플라스틱 문제를 해결하기 위해 했던 활동을 떠올려 보고, 그 경험을 녹여 '미래의 바다 이야기' 만화를 제작하며 프로젝트를 마무리할 것이다.

  만화를 내실 있게 구성하기 위한 스토리보드를 구상해 보자. 책 속 플라스틱 쓰레기로 뒤덮인 바다를 표현하는 장면에서 시작해도 좋고, 4~5차시에서 그린 어두운 면이나 6~7차시에서 적은 음악 일기의 내용을 가져와도 된다. 스토리보드 작성 시 다음의 활동지를 활용해 보아도 좋겠다. 장면의 구성은 기본 4컷으로 하고, 학생의 수준에 따라 자유롭게 조절하도록 안내한다.

▶ 지금까지 바닷속 플라스틱 문제를 해결하기 위해 했던 행동을 기억나는 대로 적어 봅시다.
(   )

제목:

[만화의 주요 줄거리]

장면 1 ( )	장면 2 ( )
(그림 그리기)	
대사/행동:	대사/행동:

장면 3 ( )	장면 4 ( )
대사/행동:	대사/행동:

스토리보드 구성이 완료되었다면, 미래의 바다 이야기를 주제로 한 4컷 만화를 그릴 차례다. 최근 만화 그리기 수업에 많이 활용되고 있는 '투닝'이라는 플랫폼의 사용 방법을 참고 자료로 제공한다. 투닝은 AI(인공지능) 기술로 손쉽게 만화를 완성할 수 있으며, 다양한 스토리텔링 콘텐츠가 제공되므로 기본적인 방법만 익히면 누구든지 사용 가능하다. 물론 스마트 기기 사용이 익숙하지 않은 학급에서는 종이에 만화를 그리거나 스크랩북으로 표현하는 방법을 선택해도 된다.

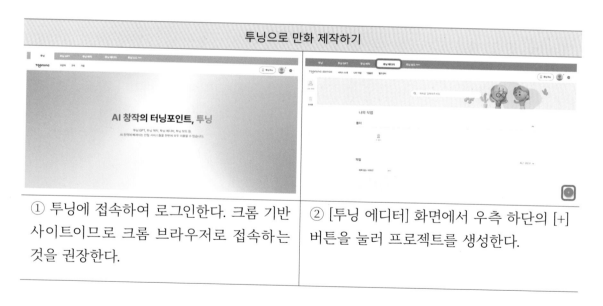

투닝으로 만화 제작하기	
① 투닝에 접속하여 로그인한다. 크롬 기반 사이트이므로 크롬 브라우저로 접속하는 것을 권장한다.	② [투닝 에디터] 화면에서 우측 하단의 [+] 버튼을 눌러 프로젝트를 생성한다.

③ 좌측에 템플릿, 캐릭터, 텍스트, 효과, 배경 등 다양한 구성 요소를 화면에 삽입하여 만화를 한 장면씩 완성한다.

④ 만화 제작이 어렵게 느껴진다면 우측 하단의 AI 기능을 적극 활용해 보자. AI 기능 중 '문장으로 툰 생성'을 클릭해 볼 것이다.

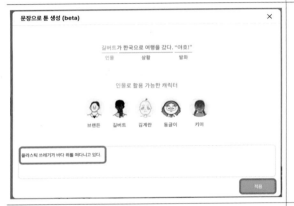

플라스틱 쓰레기가 바다 위를 떠다니고 있다.

⑤ 인물, 상황, 발화를 적절히 텍스트 창에 입력한 후 [적용]을 클릭한다.

⑥ 표현하고자 하는 장면이 바로 완성된 것을 확인할 수 있다. 장면이 다소 어색하게 느껴진다면, 재생성하거나 직접 구성 요소를 변경해 보자.

미래의 바다 이야기 만화를 완성하였다면, 내용의 흐름이 자연스러운지, 잘못 적은 글자나 수정해야 할 캐릭터는 없는지 자기 점검을 진행할 것이다. 만화를 스스로 읽으며 스토리보드에서 전달하고자 했던 처음의 의도가 잘 느껴지는지에 중점을 두고 고칠 부분이 있다면 수정해 보자.

[평가]

성취기준	평가 요소	평가 방법	평가 기준		평가 시기
[3국노벨생태-04] 지구 공동체에 대한 관심을 바탕으로 지속 가능한 삶의 중요성을 인식하고 이를 실천하려는 의지를 형성한다.	미래의 바다 이야기를 만화로 표현하기	[창의성 계발 수업] 자신이 전달하고 싶은 메시지를 생각하여 만화의 주제를 정하고 스토리보드를 구상함. 스토리보드를 바탕으로 미래의 바다 이야기를 담은 만화를 제작함. [프로젝트]	매우 잘함	만화의 각 장면을 의미 있게 구성하고, 전달하고자 하는 메시지를 담은 미래의 바다 이야기 만화를 창의적으로 제작할 수 있다.	11월
			잘함	만화의 각 장면을 적절히 구성하고, 전달하고자 하는 메시지를 담은 미래의 바다 이야기 만화를 제작할 수 있다.	
			보통	전달하고자 하는 메시지를 담은 미래의 바다 이야기 만화를 제작할 수 있다.	
			노력 요함	미래의 바다 이야기 만화를 제작할 때 전달하고자 하는 메시지를 장면에 반영하는 것을 어려워한다.	

29차시: 발표 및 공유하기

수업 열기	▶ 발표 준비하기
수업 흐름	▶ 미래의 바다 이야기 만화 발표하기 ▶ 감상평 작성하기
수업 마무리	▶ 프로젝트 소감 나누기

마지막 29차시에서는 각자 완성한 미래의 바다 이야기를 발표하며 서로 감상하고 의견을 나누는 활동을 진행할 것이다. 발표를 시작하기 전 만화를 통해 무엇을 전하고자 했는지 제작 의도를 정리하는 시간을 제공한다. 만화를 발표할 때 흥미 위주로 감상하지 않도록 사전에 주의를 주고, 내용이나 작가의 의도에 집중하도록 수업 분위기를 조성하자. 서로의 만화를 감상하며 간단한 감상평을 포스트잇 등에 작성한 후 작가에게 전달하여 상호 피드백이 이루어질 수 있도록 한다.

최종 소감을 나누는 것을 끝으로 학교자율시간이 마무리되었다. 노벨 엔지니어링 수업으로 기후 위기 문제에 공감하고 자신의 삶과 연결하여 일상생활을 성찰하는 기회를 제공하였다. 또한, 다양한 형태의 새 활용으로 플라스틱 문제를 해결하는 경험을 맛보며 바다를 살리기 위한 노력은 누구나 할 수 있다는 효능감을 심어 줄 수 있었다. 지구 공동체 구성원으로서 이번 학교자율시간이 환경·생태 의식을 고취시켜 지속 가능한 삶을 유지할 수 있는 원동력이 되었기를 바란다.

1) UNESCO, 유네스코한국위원회(2020). 함께 그려 보는 우리의 미래: 교육을 위한 새로운 사회계약.

2) 환경부(2020). 기후 - 환경 위기 시대, 학교 환경교육 비상선언.

3) 교육부(2022). 2022 개정 교육과정 총론. 교육부 고시 제2022-33호.

4) 교육부(2021). 2022 개정 교육과정 총론 주요사항(시안).

5) 윤나은, & 서은정. (2022). 학교 전체적 접근을 통한 생태전환교육 연구학교의 운영 실태 조사 연구. 환경교육, 35(1), 55-66.

6) Perterson, N. (1982). Developmental variables affecting environmental sensitivity in professional environmental educators. master's thesis, Southern Illinois University at Carbondale.

7) 이현민, & 이상원. (2010). 생태 예술을 활용한 환경교육이 초등학생의 환경 감수성에 미치는 영향: 음악극을 중심으로. 환경교육, 23(3), 35-49.

8) 교육부(2015). 2015 개정 국어과 교육과정. 교육부 고시 제2015-74호.

9) 이소진, & 배진호. (2022). 환경도서를 활용한 생태중심 창의적 체험활동 수업이 초등학생들의 생태적 감수성과 환경소양에 미치는 영향. 생물교육 (구 생물교육학회지), 50(3), 358-367.

10) Elliott, D. J. (1995). Music matters: A new philosophy of music education.

11) 최진경. (2022). 생태전환교육으로서 실천적 음악교육의 가능성과 의미 탐색. 미래음악교육연구, 7(3), 123-146.

12) https://youtu.be/LXHQnffh1w0?si=9jsGegJVYrRBbooA

13) https://youtu.be/NVjs3-ft4KU?si=OrjbXodG3jHUb0D2

14) https://play31design.com/dodori/?idx=35

15) https://youtu.be/maDcDO80G5E?si=eQ3Qn75NqXniszG6

16) https://youtu.be/wC4PnGc6sCM?si=FCcYZR3j9_WOOqhI

3장

디지털 세상 속으로

[활동의 개관]

활동 교과	국어	적용 학년	4학년
적용 학기	1학기	적용 시간	29
사용 교재	☐ 기존 개발 도서(시중 유통 도서) ■ 교과서 없이 교수·학습 자료 활용		

[활동의 설계]

1. 활동명: 디지털 세상 속으로

2. 활동 개설의 필요성 및 목표

우리 사회는 점점 더 디지털을 향해 가고 있다. 과거에는 삶의 한 부분이 디지털이었다면, 현대 사회에서는 일, 휴식, 소통의 대부분을 디지털이 차지하고 있다. 이러한 변화는 앞으로 더 가속화되어 디지털은 더 이상 대체재가 아닌 필수가 될 것이다.

이에 따라 새로운 문제를 해결한 디지털 소양은 가장 중요한 능력 중 하나로 떠올랐다. 새로운 정보를 받아들이기 위한 방편이었던 3R을 넘어, 디지털 정보를 받아들이기 위한 디지털 소양은 이 시대의 필수 능력이라고 할 수 있다(교육부, 2022; 이영호, 2022)[1][2].

이와 같이 디지털은 너무 중요하지만, 우리 학생들에게는 현실 문제와 유리되어 있다. 디지털 네이티브라고 불리는 학생들에게 디지털 기기 조작은 직관적이며 문자나 이미지를 이용하여 정보를 소비하는 것은 익숙하지만, 디지털 기술을 통한 정보 획득, 평가, 생성 등은 여전히 어려운 부분이다. 특히 초등학생의 경우에는 디지털 기기에 대해 아직까지도 익숙하지 않은 학생들도 많으며 간단한 키보드 자판을 치는 것을 힘들어하는 경우도 허다하다. 따라서 학생들에게 디지털 기초 소양을 가르치기 위해서는 단순히 디지털을 사용하는 것을 넘어서서 디지털 세상의 특징, 기기의 조작, 디지털 정보의 특성 등을 종합적으로 접근하는 방법이 필요하다(신수범 외, 2017)[3].

이러한 디지털 문제를 해결하기 위해서, 우리 주변의 친숙한 소재들을 이용하여 접근해 보자. 지식의 구성 방법에 따라, 기존의 내용과 비교하고 대조하며 실습을 통해 확인해 나가는 기본적인 방식을 사용할 것이다. 그러나 디지털 사회에 익숙해지는 것은 굉장한 시간을 필요로 한다. 경험 축적의 시간이 부족한 만큼 학생들에게 다양한 상황을 제시해 줄 이야기와 함께 이 과정을 시작함으로써 단순한 기능의 습득이 아닌 몰입 속에서 적절한 문제 해결을 사고할 수 있는 기회를 도모하고자 한다(송해남 외, 2022)[4]. 결론적으로 이 활동은 학생들에게 디지털 사회 속에서의 매체와 정보에 대한 총체적 이해와 문제를 해결하고 협력적으로 소통하는 과정에 몰입함으로써 디지털 시민으로 성장할 수 있도록 돕는다.

[편제]

구분			국가 기준	3~4학년군		
				3학년	4학년	계 (증감)
교과 (군)	공통 교과	국어	408	204	188	408 (-16)
		학교자율시간		0	29	(+29)
		사회/도덕 사회	272	204 102	96	198 (-6)
		도덕		68 34	34	64
		수학		272 136	136	272
		과학		204 102	102	204
		체육		204 102	102	204
		예술 음악	272	136 68	68	136
		미술		136 68	68	136
		영어		136 78	78	136
창의적 체험활동(자·동·진)			204	102	94	196 (-7)
소계						1,972

[교수·학습 방향 및 내용 체계]

디지털 융합 교육		
핵심 아이디어	▶ 디지털 맥락 속에서 정보를 생산하고 소비하는 것은 새로운 사회 문화를 구성한다. ▶ 인간은 디지털 환경에서 정보와 기호를 이해하고 다양한 매체로 표현하여 소통한다. ▶ 디지털 사회 속에서 디지털 기술은 문제 해결을 돕는 도구이며 존중의 가치를 바탕으로 　이에 대한 권리와 책임이 수반된다.	
지식·이해	과정·기능	가치·태도
▶ 디지털 매체에서 정보 이해 ▶ 디지털 기호와 매체 ▶ 디지털 기술의 사회 영향 ▶ 디지털의 구성 원리 ▶ 디지털 문제 해결을 위한 도구	▶ 디지털 매체를 활용한 표현하기 ▶ 디지털 매체를 이용한 정보 검색과 판단하기 ▶ 디지털 세상의 윤리 문제 판단하기 ▶ 디지털 기술을 이용해 문제 해결하기	▶ 디지털 환경 속 소통과 존중 ▶ 디지털 환경 사용에 대한 책임감 ▶ 윤리적이고 협력적인 디지털 사용

[기존 교과와의 연계 가능한 내용 요소 추출]

범주	국어	사회	자율·자치 활동
지식·이해	▶ 상황 맥락 ▶ 친숙한 화제의 글 ▶ 참여자 간 관계 및 장면에 따른 언어 ▶ 인터넷의 학습 자료	▶ 민주주의의 의미 ▶ 민주주의의 실천 ▶ 문화 다양성 ▶ 생활 모습의 변화	▶ 민주 시민의식 함양 활동
과정·기능	▶ 중요한 내용과 주제 파악하기 ▶ 목적과 주제 고려하기 ▶ 준언어·비언어적 표현 활용하기 ▶ 예의를 지키며 듣고 말하기 ▶ 중심 생각 파악하기 ▶ 내용 요약하기 ▶ 사실과 의견 구분하기 ▶ 글이나 자료의 출처 신뢰성 평가하기 ▶ 정확하게 표현하기 ▶ 글과 담화에 적절한 표현 사용하기 ▶ 국어 규범 인지하고 수용하기 ▶ 인터넷 자료 탐색·선택하기 ▶ 매체 자료 의미 파악하기 ▶ 발표 자료 만들기 ▶ 매체 자료 활용 공유하기 ▶ 매체 소통의 목적 점검하기	▶ 사회 문제 해결에 참여하기 ▶ 법적 문제 관련 정보를 수집·분석하기 ▶ 사회 변화의 양상과 특징을 조사하기	▶ 프로젝트 ▶ 관계 형성
가치·태도	▶ 매체 소통 윤리	▶ 인류 공동 문제에 대한 관심	▶ 학급·학년·학교 등 공동체 중심의 자치 활동

[성취기준]

[3국노벨디지털-01] 디지털 환경에서 다양한 정보의 의미를 분석하고, 이를 활용하여 자신의 생각이나 아이디어를 효과적으로 표현할 수 있다.

[3국노벨디지털-02] 디지털 기호와 매체를 활용하여 정보를 검색하고 판단하며, 소통 과정에서 서로 존중하는 태도를 실천할 수 있다.

[3국노벨디지털-03] 디지털 기술을 활용하여 문제를 해결하는 과정을 계획하고 실행하며, 기술을 윤리적이고 책임감 있게 사용할 수 있다.

[3국노벨디지털-04] 디지털 기술이 사회에 미치는 영향을 이해하고, 이에 수반되는 윤리 문제를 합리적으로 판단할 수 있다.

[3국노벨디지털-05] 디지털 문제를 해결하기 위한 새로운 도구를 탐색하여 이를 협력적인 태도로 사용할 수 있다.

[차시 흐름]

단계	성취기준	차시	수업 주제	세부 활동 내용	비고
책 읽기	[3국노벨디지털-04]	1~2	도깨비 폰을 개통하시겠습니까?	'도깨비 폰을 개통하시겠습니까?' 읽기	
		3		도깨비 폰과 스마트폰 비교하기	
문제 인식	[3국노벨디지털-01] [3국노벨디지털-04]	4~5	디지털의 특성 알기	디지털 정보의 종류 알아보기	
		6~7		디지털 소통과 아날로그 소통	
		8~9		디지털 사회의 영향 탐색하기	
해결책 설계	[3국노벨디지털-02] [3국노벨디지털-04]	10~11	디지털 세상 배우기	인터넷 속 정보와 매체(디지털 기기 활용)	
		12~13		디지털 협업 능력 키우기(디지털 기기 활용)	
		14~15		건강한 스마트폰 사용 제안서 쓰기(디지털 기기 활용)	평가
		16		SNS에서의 예절 배우기	
창작물 만들기	[3국노벨디지털-03] [3국노벨디지털-05]	17~18	디지털 세상 헤엄치기	디지털 창작물 만들기(디지털 기기 활용)	
		19~21		디지털 토론하기 & 디지털 사회 참여하기	
		22~23		디지털 공간 속 나 창조하기(디지털 기기 활용)	
		24~27		도깨비 세상 VR 만들기(디지털 기기 활용)	평가
이야기 바꾸어 쓰기	[3국노벨디지털-04]	28~29	디지털 세상 주인공 되기	이야기 바꾸어 쓰기	

[차시 설명]

<책 읽기> 도깨비 폰을 개통하시겠습니까?

1~2차시: '도깨비 폰을 개통하시겠습니까?' 읽기 - 활동지 ①

수업 열기	▶ 책 표지를 통해 펼쳐질 이야기 예상하기
수업 흐름	▶ 책 속 등장인물 탐구하기 ▶ 책 읽고 질문에 답하기 ▶ 역할극 준비하기 ▶ 역할극 표현하기
수업 마무리	▶ 인상 깊은 장면 또는 사진 나누기

《도깨비 폰을 개통하시겠습니까?》의 주인공 지우는, 기존의 스마트폰과는 다른 특별한 '도깨비 폰'을 손에 넣는다. 도깨비 폰은 지우의 모든 소망을 들어주는 놀라운 기능을 가졌지만 그만큼 대가를 요구하기도 한다. 이 이야기를 통해 디지털 기술의 놀라운 가능성과 함께 이면의 윤리적인 고민과 선택들을 생각해 볼 수 있다.

책 제목과 표지를 함께 살펴보며 무슨 이야기가 펼쳐질지 생각해 보자. 180쪽가량의 이야기로 학생들의 수준에 따라 읽기 방식을 정할 수 있다. 본 도서에서는 모둠별로 파트를 나누어 읽고, 역할극으로 내용을 공유하는 방식을 활용할 것이다.

우리 모둠이 맡은 차례에 동그라미 치세요.

---

① 주인 없는 스마트폰 ② 남서 방향 238도 357걸음 ③ 케빈과 수상한 친구들

④ 앱 나와라, 뚝딱! 꼭두각시 나와라, 뚝딱! ⑤ 친구와 꽃가마를 타다

⑥ 날대야 바우와 애프터서비스 ⑦ 건강한 기를 유지하는 법 ⑧ 사람의 영혼은 고요하다

책 내용을 역할극 대본으로 나타내어 봅시다.

송지우 : (핸드폰을 집으며) "누구꺼지?" (잠금을 푼다) "어?"

대환 : (손을 들며) "선생님, 송지우 스마트폰 해요"

선생님 : (무서운 표정으로) "지우야, 도서관에서는 책만 읽어야지? 스마트폰은 당장 가방에 넣어 둬"

송지우 : "네? 저기 이건…" (가방에 스마트폰을 넣는다)

해당 차시의 목표 도서에 대한 내용을 상기하고 다양한 방법으로 깊이 있게 이해할 수 있게 돕는 것이므로 꼭 역할극을 고집할 필요는 없다. 독서 퀴즈 만들기 등의 활동으로 대체할 수도 있을 것이다. 다만, 앞으로의 학교자율과정 차시가 대부분 디지털 도구를 활용할 예정이므로 1~2차시에서는 아날로그 방식을 활용한 수업을 추천한다.

3차시: 도깨비 폰과 스마트폰 – 활동지 ②

수업 열기	▶ 책 내용 떠올리기
수업 흐름	▶ 스마트폰과 도깨비 폰 비교해 보기 ▶ 도깨비 폰의 기능 그려 보기
수업 마무리	▶ 내가 만든 도깨비 폰 기능 소개하기

이야기의 흐름을 이끄는 포인트 중 하나는 도깨비 폰이 가지고 있던 환상적인 기능이다. 책에서 읽은 도깨비 폰 기능 중 마음에 기능을 상상하여 나타내어 보자. 다만, 책 속 내용처럼 해당 기능에 상응하는 무언가 대가를 치러야 하도록 설정한다. 동시에 스마트폰과 공통점과 차이점을 찾아봄으로써 책 속 문제를 현실 세계로 연결해 볼 것이다. 현실과 같은 점, 다른 점을 탐색해 보는 것이 활동의 중점이다.

내가 생각하는 도깨비 폰 기능 그려 보기		
〈주요 화면〉	〈주요 화면〉	〈주요 화면〉

주요 기능 설명:

도깨비 폰 탐구하기

1. 도깨비 폰과 스마트폰의 같은 점은 무엇입니까?

2. 도깨비 폰과 스마트폰의 다른 점은 무엇입니까?

3. 나에게 도깨비 폰이 있다면 무엇을 할 것입니까?

1장

2장

3장

4장

5장

3장. 디지털 세상 속으로

<문제 인식> 디지털의 특성 알기

4~5차시: 디지털 정보의 종류 알아보기

수업 열기	▶ 정보란 무엇일까?
수업 흐름	▶ 디지털 정보(데이터)의 종류 알아보기 ▶ 디지털 정보의 특성 알아보기
수업 마무리	▶ 가장 효율적인 디지털 정보 구성하기

이제 디지털의 특성을 기반으로 학교자율시간 프로젝트를 시작해 보자. 책 속에서도 도깨비가 도깨비 폰을 건네주며 그래픽, 복합 현실 기술 등의 단어를 언급한다. 이렇듯 디지털 사회에 대한 이해를 위해서는 디지털 기술에 대한 이해가 선행되어야 한다. 우리는 '정보'는 추상적인 단어이므로 구체적인 예시를 통해 알려 주는 것이 좋다. 여러 데이터 중에서 사용자에게 필요한 부분을 도출해 내는 것이 정보이다.

정보	단순 데이터
평균 60점인 시험에서 나의 시험 점수가 80점	나의 시험 점수 80점

그렇다면 데이터란 무엇일까? 데이터에 대한 정확한 개념적 이해보다, 구체적인 예시를 들어 생활 속 사례로 체득할 수 있도록 해 보자. 아래 내용을 기반으로 퀴즈를 진행해 보자.

데이터의 종류	
텍스트	뉴스 기사, 블로그 글, 소설 등
이미지	사진, 그림
영상	유튜브, 영상, 영화, 만화영화
소리	팟캐스트, 라디오, 음악
데이터	통계 데이터, 그래프 등

학생 대상 퀴즈 예시

Q: 책이나 블로그 글처럼 글자로만 되어 있는 데이터를 무엇이라고 할까요? (텍스트)

Q: 사진이나 그림처럼 눈으로 볼 수 있는 데이터는 무엇일까요? (이미지)

Q: 유튜브처럼 움직이는 화면으로 된 데이터는 무엇일까요? (영상)

Q: 라디오나 음악처럼 귀로 들을 수 있는 데이터는 무엇일까요? (소리)

Q: 통계 그래프처럼 숫자와 표로 나타낸 정보를 무엇이라고 하나요? (데이터)

Q: 눈으로 볼 수 없는 데이터는 무엇일까요? (소리)

Q: 다음 중 소리 데이터에 해당하지 않는 것은 무엇일까요? (그림 등)

이후 디지털 정보의 특성에 대해 정리해 보자. 아래 내용은 교사가 참고할 수 있는 것으로, 학생들에게는 예시를 들어 직관적인 이해를 도모하는 것이 좋다. 예를 들어, 아날로그 시계와 디지털 시계를 비교해 볼 수 있다. 아날로그 시계는 시침, 분침, 초침이 있어 시간을 연속적으로 움직인다. 하지만 디지털 시계는 숫자로 시간을 보여 주며, 숫자는 화면의 LED가 켜지고 꺼지며(0, 1) 표현된다.

구분	아날로그	디지털
표현 방식	연속적인 형태로 표현	0,1 숫자만을 이용함
복제 여부	복제 불가능	복제 가능
저장 방식	테이프, LP 등	하드디스크, USB 등
예시	라디오 신호, 아날로그 시계, 화가의 그림	텍스트 파일, 음악 파일, 이미지 등

6~7차시: 디지털 소통과 아날로그 소통 – 활동지 ③

수업 열기	▶ 소통이란 무엇일까?
수업 흐름	▶ 우리가 하는 소통의 특징 알아보기 ▶ 다양한 디지털 소통 알아보기 ▶ 디지털 소통과 아날로그 소통 비교하기
수업 마무리	▶ 상황별로 소통해 보기

디지털 정보에 관한 이해가 선행되었다면 이번에는 '소통'에 초점을 맞추어 보자. 지우는 도깨비 소굴로 가서 도깨비들과 소통하고, 인간 세상에서는 사람들과 소통한다. 책 속에서 도깨비 소굴은 인터넷 공간을 표방하고 있다. 즉 디지털 소통과 아날로그 소통에는 차이가 있다는 것이다. 아날로그 시대의 미디어(TV, 라디오)가 단방향으로 소통했다면, 디지털 시대의 미디어는 다양한 방식으로 소통한다. 학생들의 실생활 사례로부터 소통 방식의 예를 탐색하고, 각자의 장·단점을 알아보자. 마찬가지로 정확한 개념적 이해보다는 디지털 소통과 아날로그 소통 방식의 차이를 체득하는 것이 목표이다.

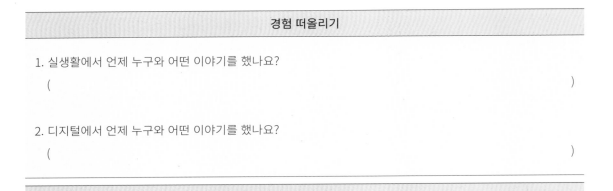

경험 떠올리기

1. 실생활에서 언제 누구와 어떤 이야기를 했나요?

( )

2. 디지털에서 언제 누구와 어떤 이야기를 했나요?

( )

소통 비교하기

3. 해당 방법 중 아날로그 소통에는 O를, 디지털 소통에는 △ 표시를 해 봅시다.

채팅, 이메일, SNS, 영상 통화, 직접 만남, 전화 통화, 손편지

4. 아래와 같이 같은 상황에 대해 아날로그와 디지털 소통이 어떻게 다른지 생각해 봅시다.

> 친구 생일에 카톡으로 축하 메시지를 보냈던 경험 vs 친구에게 직접 선물을 주며 축하했던 경험

_____

_____

_____

5. 아날로그와 디지털 소통의 장단점을 탐색하여 봅시다.

아날로그		디지털	
장점	단점	장점	단점

아날로그 소통과 디지털 소통에 대해 탐구하였다면, 실제 사례 속에서 소통 방식을 실습해 보자.

소통 실습하기

6. 다음 상황 중 어떤 소통을 사용하면 좋을지, 무엇이라고 이야기할지 써 봅시다.

> 친구가 슬퍼할 때, 중요한 약속을 전달해야 할 때, 긴급하게 도움을 요청해야 할 때

소통 방식:

전달하고 싶은 이야기:

8~9차시: 디지털 사회의 영향 탐색하기 – 활동지 ④

수업 열기	▶ 책 속 도깨비 폰의 성능 떠올리기
수업 흐름	▶ 디지털 사회가 미치는 긍정적인 영향 탐색하기 ▶ 디지털 사회가 미치는 부정적인 영향 탐색하기
수업 마무리	▶ 디지털 사회의 나는 어떤 자세로 살아야 할까?

4~7차시 흐름을 통하여 디지털 사회의 특징과 소통 방식을 탐색해 보았다면, 디지털 사회가 미치는 영향에 초점을 맞추어 보자. 디지털 네이티브인 학생들은 온라인 메신저로 소통한 경험, 유튜브 플랫폼에서 영상 매체를 접한 경험 등의 다양한 디지털 경험이 있을 것이다. 그중 디지털 사회가 미치는 긍정적인 영향과 부정적인 영향을 사례로 탐구해 보고자 한다. 디지털 공간은 익명성이 있고 복제가 가능하여 그 확산이 빠른 만큼 장점도 단점도 극명하게 존재한다. 학생들이 직접 사례를 검색하기 어려운 경우에는 아래의 참고 사례를 함께 보는 것을 추천한다.

디지털 사회가 미치는 긍정적인 영향 (돈쭐 사례)[5]	디지털 사회가 미치는 부정적인 영향 (중독)[6]

참고 예시로는 SNS 속 확산을 통해 손님이 몰린 돈쭐 사례와 스마트폰 중독에 관한 내용을 들었다. 이 밖에도 학생들이 직접 '디지털 사회+긍정', '디지털 사회+부정' 등의 검색어로 다양한 사례를 검색해도 좋다. 디지털 사회에 살아가고 있는 현재, 우리가 부정한다고 해서 디지털 확산과 발전 속도를 늦출 수는 없다. 책 속 주인공 지우가 도깨비 폰을 사용하면서도 기가 빨리지 않았던 이유 역시, 주도적으로 스마트폰을 사용하려고 노력했기 때문이다.

4~9차시의 흐름을 통해 학생들로 하여금 디지털 세상을 살아가는 자세를 다짐할 수 있도록 유도해 주자.

디지털 사회의 영향 탐색하기

1. 디지털 사회가 미치는 영향을 검색하여 봅시다.

긍정적인 영향	부정적인 영향

2. 디지털 사회를 살아가기 위한 나의 다짐을 적어 봅시다.

<해결책 설계> 디지털 세상 배우기

10~11차시: 인터넷 속 정보와 매체(디지털 기기 활용) - 활동지 ⑤

수업 열기	▶ 정보의 바다, 인터넷 속으로
수업 흐름	▶ 인터넷에 있는 다양한 정보 찾아보기 ▶ 인터넷에 있는 매체의 종류 알아보기
수업 마무리	▶ 인터넷 정보 찾기 문제 내기

책 속 주인공 지우는 도깨비 폰으로 학습 앱을 검색하고, 본인에게 필요한 공부 능력을 찾아보았다. 마찬가지로 디지털 시대를 살아가는 학생들 역시, 정보를 검색하는 능력은 필수적으로 갖추어야 할 것이다. 다만, 학생들은 디지털 기기를 소비하는 데 익숙한 나머지, 스스로 정보를 검색하고 판단하여 결정하는 능력은 부족한 것이 현실이다.

이번 차시에서는 인터넷에서 다양한 정보를 직접 찾아볼 것이다. 더 나아가 다양한 종류의 매체(텍스트, 이미지, 영상 등)로부터 정보를 얻을 수 있음을 체득하는 것이 목표이다. 인터넷 검색 능력은 이론적으로 배울 수 있는 것이 아니라, 경험적으로 얻는 것이 훨씬 수월하다. 따라서 아래의 검색 전략을 학생들에게 전달은 해 주되 검색 실습이 더 중요하다는 것을 잊지 말자.

인터넷 검색 전략	
핵심 키워드	찾고자 하는 정보에서 **핵심 키워드를 중심으**로 검색한다.
자료 비교하기	**다양한 자료를 비교**해 사실에 가까운 자료를 찾는다. 정보 작성 주체, 인용률 등을 함께 고려할 수 있다.
훑어보기	자료를 다양하게 훑은 후 자세하게 확인할 페이지 또는 매체를 고른다.
정보 찾아보기	

1. 인터넷에서 정보를 검색하기 위해서는 어떻게 해야 할까요?

2. 인터넷 검색을 통해 아래 내용을 찾아봅시다.

> 문제 1. 우리 지역의 유명한 장소를 찾아봅시다.

> 문제 2. 내일 우리 지역의 날씨는 어떨까요?

> 문제 3. 너구리에 대해 조사하여 봅시다.

학생들마다 정보 찾기에 사용한 매체가 다를 수 있다. 인터넷 검색 후 텍스트 매체에서 정보를 찾았을 수 있고, 유튜브 플랫폼처럼 영상 매체를 사용했을 수 있다. 매체마다의 특성이 다르므로 이 부분에 대한 이해를 도모해 볼 것이다. 아래 내용은 교사가 참고로 사용하되 학생들이 직접 답을 찾아갈 수 있도록 허용적인 환경을 조성해 주는 것이 좋다.

텍스트	장점	- 빠른 검색이 가능하며 세부적인 정보 전달이 가능 - 저장 및 복사가 용이
	단점	- 읽는 데에 시간이 소요되며 시각적 흥미가 부족 - 이해가 어려울 수 있음
이미지	장점	- 즉각적인 전달이 가능 - 복잡한 개념의 시각화 가능
	단점	- 세부적인 설명이 부족 - 내용이 모호하거나 주관적 해석이 가능
영상	장점	- 시청각적 전달이 가능하여 몰입감이 높음 - 복잡한 과정 설명에 유리
	단점	- 시간과 데이터가 소모됨 - 영상 내 특정 정보를 찾기에 검색이 비효율적임

학생들에게는 텍스트 정보를 검색하는 것보다 유튜브 영상이 친숙한 상황이다. 특정 매체가 무조건 좋은 것이 아니라 매체별 특성을 알고, 상황에 따라 선택하는 능력이 필요함을 인식시켜 주어야 한다.

매체 탐색하기

3. 어떤 방식으로 정보를 검색했나요?

4. 각 매체들을 활용한 정보 검색의 장·단점을 탐구하여 봅시다.

정보 검색 매체별 특성		
텍스트	장점	
	단점	
이미지	장점	
	단점	
영상	장점	
	단점	

5. 새로 배운 점, 느낀 점 등을 정리하여 봅시다.

12~13차시: 디지털 협업 능력 키우기 (디지털 기기 활용)

수업 열기	▶ 친구들과 단어 맞추기 게임
수업 흐름	▶ 우리 반의 다양한 문제 찾아보고 결정하기 ▶ 친구들과 함께 공동 작업해 보기
수업 마무리	▶ 공동 작업의 느낀 점 이야기해 보기

교실에서 협력이라고 부르는 많은 것은 진정한 의미의 협력으로 이루어지기 어렵다. 무언가 결과물을 만들 때 서로의 생각이 합치되지 않거나 무임승차가 이루어지곤 했다. 학생들뿐만 아니라 교사에게도 모둠 협동 활동이 쉽지만은 않은 경험일 것이다.

따라서 이번 차시에서는 디지털을 활용한 공동 작업을 통해 문제를 해결해 나가는 법을 체험해 보는 것이 목적이다.

첫 번째로 패들렛과 같은 공동 의견 참여 플랫폼을 이용하여 학급 회의를 진행할 수 있다. 각 내용에 대해 의견을 올릴 수 있도록 패들렛을 설정해 둔다. 발표에 어려움이 있는 학생, 남의 의견에 계속 비난을 하는 학생, 무관심한 학생 등…. 일반적인 학급회의 시간이라면 발생할 수 있는 어려움을 디지털 플랫폼으로 해결할 수 있다. (물론 디지털 플랫폼이 가져오는 단점도 있겠지만, 이번 차시에는 장점을 극대화하여 협업 능력을 키우는 것이 목표이다.)

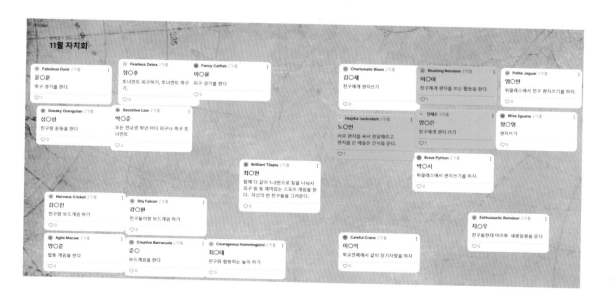

두 번째로는 구글 Docs 또는 구글 프레젠테이션에서 함께 공동 작업을 해보는 활동이다. 이 플랫폼들은 여러 사용자가 함께 공동의 작업을 할 수 있는 것으로 유명하다. 미로나 패들렛의 샌드박스와 같은 기능들은 공동 작업이 가능하지만 프로젝트 작업보다는 의견 교환에 가까우므로 구분하여 쓰는 것이 좋겠다. 먼저 작업할 때 주의할 점(다른 사람 내용 건드리지 않기, 자신의 공간 확보하기)을 숙지시켜야 한다. 아래는 함께 작업하기 좋은 주제들이다.

함께 작업하기 좋은 주제
자연 재해 보고서 작성하기, 글 모음집 만들기, 명화 감상하기, 캠페인 계획서 작성하기

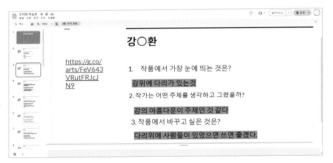

세 번째로는 투표를 진행해 보자. 본 도서에서는 가장 직관적인 구글 폼을 추천하지만, 학급 상황에 따라 적절한 도구를 선택하면 된다. 패들렛 내의 투표, 카카오톡 내의 투표, 멘티미터 등의 대체 도구가 많다. 예시로 구글 폼으로 모둠별 투표를 진행하였으며, 이에 대한 결과를 확인해 보자.

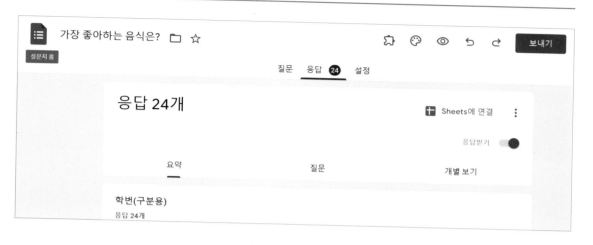

　이후 친구들과 이제 소감을 공유하도록 한다. 의견 교환, 공동 작업, 간단한 설문조사 플랫폼을 사용해 보았다. 꼭 협업 플랫폼이 아니더라도 실생활에서 디지털을 유용하게 사용해 보고 이 과정에서 디지털의 유용성을 체득하는 것이 중요하다. 단순히 디지털 플랫폼을 재미로만 소비하는 것이 아니라, 디지털 협업과 생산의 경험을 하는 것 역시, 미래 사회를 살아갈 학생들에게는 꼭 필요한 자양분이 아닐까?

14~15차시: 건강한 스마트폰 사용 제안서 쓰기 – 활동지 ⑥ [평가]

수업 열기	▶ 글의 종류에는 무엇이 있는지 알아보기
수업 흐름	▶ 건강한 스마트폰 사용이 필요한 이유 탐색하기 ▶ 건강한 스마트폰 사용 제안서 쓰기
수업 마무리	▶ 평가 및 공유하기

도깨비 폰에게 기를 뺏기고 있다는 사실을 알게 된 지우는 스스로 자신의 기를 측정해 본다. 책 속 스토리텔링을 활용하여 건강한 스마트폰을 사용하기 위한 글을 써 보는 활동을 구성하였다. 먼저 4학년 국어에는 '마음을 전하는 글을 쓰기', '생각과 느낌을 나누기'. '제안하는 글을 쓰는 방법' 등 다양한 차시가 있다. 그중 스마트폰 사용과 관련하여 '제안하는 글'을 써 볼 것이다.

먼저 스마트폰 중독을 예방해야 하는 이유에 대해 학생들이 미리 조사를 할 필요가 있다. 더불어 교사 입장에서는 스마트쉼센터(https://www.iapc.or.kr/)의 교육 자료를 활용해 보아도 좋다.

콘텐츠·교육자료   ⊕ ⊖ 100%

초등학교 고학년 대상 인터넷·스마트폰 과의존 예방콘텐츠(2024)   2024-02-05 | 조회수 : 16690

구분	스마트폰과의존예방
상세설명	
내용	초등학교 고학년 대상 인터넷·스마트폰 과의존 예방콘텐츠(2024) ○ 학습 대상 : 초등학교 고학년 ○ 콘텐츠 유형 : 영상(mp4), 지도안 및 활동지(pdf) ○ 콘텐츠 구성 [1차시] 메타버스 - 메타버스의 개념, 활동, 현실과의 차이점 ▶ 유튜브 링크 : https://www.youtube.com/watch?v=5AyNwSoRR8w [2차시] SNS (자극적인 콘텐츠 업로드) - SNS와 현실 간의 차이점, SNS 내 콘텐츠 분별법 ▶ 유튜브 링크 : https://www.youtube.com/watch?v=U7nksXyjIzA ※ 해당 영상의 무단 전재 및 재배포를 금지합니다
첨부파일	🅱 [초등(고학년)]인터넷·스마트폰 과의존 예방_지도안.pdf [1221836 byte] 🅱 [초등(고학년)]인터넷·스마트폰 과의존 예방_활동지.pdf [785185 byte] 🅱 초등학교 고학년 대상 인터넷·스마트폰 과의존 예방콘텐츠(2024).zip [385041770 byte]

이전 10~13차시의 흐름에서 정보 검색 능력과 디지털 기기 사용 경험을 쌓았다면, 이렇게 책 속 내용과 연계하여 글로 표현할 기회를 주는 것이 좋다. 만약 학급별 스마트 기기 활용이 자유롭다면 이번 글쓰기 역시 온라인으로 진행해도 좋을 것이다.

사전 자료 조사하기

1. 스마트폰 중독 예방에 대한 사전 자료를 조사하여 봅시다.

글쓰기

2. 스마트폰을 건강하게 사용하자는 제안이 담긴 글을 작성하여 봅시다.

3. 나의 글을 평가하여 봅시다.

평가 항목	평가
(내용의 명확성, 구체성) 제안문의 목적과 내용이 명확하게 제시되어 있나요?	
(논리적 구조와 일관성) 제안문의 내용이 일관적이고 흐름이 자연스러운가요?	
(설득력) 읽는 사람이 설득될 수 있을 만큼 타당한가요?	

참고로 KRead(https://www.kread.ai/) 사이트를 활용하면 회원 가입 없이도 2,000자 이내의 글을 분석해 준다. 문장 수준과 단어, 어휘 등을 분석해 주어 수업 활용도가 높다.

[평가]

성취기준	평가 요소	평가 방법	평가 기준		평가 시기
[3국노벨디지털-02] 디지털 기호와 매체를 활용하여 정보를 검색하고 판단하며, 소통 과정에서 서로 존중하는 태도를 실천할 수 있다.	건강한 스마트폰 사용 제안서 쓰기	[탐구 중심 수업] 스마트폰 중독 예방에 관한 자료를 찾음. 설득력을 갖춘 제안하는 글로 표현함. [자기평가] [포트폴리오 평가]	매우 잘함	스마트폰 중독의 원인과 예방 방법을 조사하고, 이를 토대로 내용이 구체적이고 논리적 구조가 자연스러우며 설득력을 갖춘 제안하는 글을 쓸 수 있다.	5월
			잘함	스마트폰 중독의 원인과 예방 방법을 조사하고 이를 토대로 제안하는 글을 쓸 수 있다.	
			보통	스마트폰 중독의 원인과 예방 방법을 조사하였으며 제안하는 글을 쓸 수 있다.	
			노력 요함	스마트폰 중독의 원인과 예방 방법을 조사하고 제안하는 글을 쓰는 데에 어려움을 겪는다.	

16차시: SNS에서의 예절 배우기 - 활동지 ⑦

수업 열기	▶ SNS의 다양한 상황 알아보기
수업 흐름	▶ SNS에서 상황별로 대화하는 법을 알기
수업 마무리	▶ 적절한 이모티콘 골라 보기

6~7차시의 디지털 소통과 더불어서 이번에는 '인터넷 예절'에 초점을 맞추어서 수업을 운영해 보자. 인터넷 공간 속 SNS에서는 다양한 소통이 일어난다. 먼저 실생활의 다양한 인터넷 소통 내용을 탐색하여 잘못된 점을 찾아보자. 아래 활동지 사례는 학생들 간 단톡방 대화와 선생님과의 1:1 대화를 예시로 구성한 것으로 얼마든지 변경하여 활용해도 좋다. 이후 잘못된 점을 바꾸어 대화하는 실습으로 구성하였다.

1. 아래와 같은 메신저 상황에서 잘못된 점을 탐색하여 봅시다.

단톡방 대화	선생님과 학생 간 대화
A: 안녕, 다들 숙제 다 했어?	A: 선생님, 숙제 뭐였어요? 기억 안 나요.
B: 안녕! 나는 아직 못 했어. 너는?	선생님: 안녕하세요, A야. 숙제는 교과서 34쪽 문제 1~5번이었어.
C: 숙제 다 했지롱~ 근데 A야, 너 왜 숙제 매번 못 하냐? ㅋㅋㅋ	A: 헐, 너무 많아요. 그냥 안 하면 안 돼요?
A: 음... 그냥 오늘 바빴어.	선생님: 숙제는 네 공부를 위해 중요한 거란다. 어려운 점이 있니?
B: 근데 C야, 그렇게 말하는 건 좀 그렇지 않아?	A: 아니요, 그냥 하기 싫어요. 선생님도 숙제 하라고 안 하면 좋겠어요.
D: (갑자기 다른 얘기) 야, 이번 주말에 축구 보러 갈 사람 있어?	선생님: 숙제를 하면 실력이 좋아질 거야. 한번 해 보고 모르는 부분이 있으면 물어보렴.
A: 어? 지금 숙제 얘기 중인데?	A: 선생님은 왜 숙제 내는 거 좋아해요? 우리도 바쁜데요.
D: 아, 몰라. 내가 그냥 물어본 건데.	선생님: A야, 이런 대화는 서로를 존중하며 해야 해. 숙제를 하고 나서 어려운 점을 이야기하면 더 좋겠구나.
E: (갑자기 사진 전송) 내 고양이 사진 봐봐, 귀엽지?	
B: 귀엽긴 한데, 숙제 얘기 먼저 하자.	
C: ㅋㅋㅋㅋ 숙제 같은 거 안 해도 괜찮아~ 그냥 선생님한테 안 했다고 하면 돼.	
A: ... 그런 얘기 하지 마. 우리 여기 숙제 얘기하려고 만든 방이야.	

2. 위 대화에서 잘못된 점을 바꾸어 봅시다.

상황	대화 연습하기
단톡방 대화	A: "숙제 다 했지롱~ 근데 A야, 너 왜 숙제 매번 못 하냐? ㅋㅋㅋ" →
	B: "(갑자기 다른 얘기) 야, 이번 주말에 축구 보러 갈 사람 있어?" →
선생님과의 대화방	A: "선생님, 숙제 뭐였어요? 기억 안 나요." →
	A: "선생님은 왜 숙제 내는 거 좋아해요? 우리도 바쁜데요." →

인터넷 공간에서는 오해하는 일이 굉장히 많다. 소통의 대부분을 차지하는 표정이나 말투와 같은 비언어 속성들이 드러나기 어렵기 때문이다. 따라서 비언어 속성들을 잘 나타낼 수 있는 이모티콘에 대해 학습해 보자. 해당 내용은 학생들에게 크게 어려운 부분은 아닐 것이다. 따라서 이모티콘 하나하나의 내용보다는, 인터넷상에서 오해를 불러일으키지 않는 소통 방식이 매우 중요하다는 점을 일깨워 주는 것이 좋다.

3. 각 이모티콘이나 내용이 의미하는 바를 짝지어 봅시다.

ㅋㅋㅋㅋㅋ •　　　　　　　　• 친구의 의견이 평이할 때

😅😅😅😅 •　　　　　　　　• 친구가 하는 말이 안타깝지만 웃길 때

😢, 😟, 😭, 💧 •　　　　　　• 친구의 의견이 슬플 때

😮, 😯, 😱 •　　　　　　　　• 무섭거나 놀랄 때

4. 이모티콘과 이모지를 쓸 때의 장점과 단점을 이야기해 봅시다.

장점	단점

<창작물 만들기> 디지털 세상 헤엄치기

17~18차시: 디지털 창작물 만들 (디지털 기기 활용)

수업 열기	▶ 기억에 남는 다양한 포스터 보기
수업 흐름	▶ 캔바 사용하는 방법 알아보기 ▶ 캔바로 디지털 포스터 만들기(중독 예방, 올바른 사용)
수업 마무리	▶ 서로 창작물 공유하기

본격적으로 디지털 사회에서 생산자가 되기 위한 실습에 들어가는 차시이다. 디지털 정보 재생산은 다양한 방식으로 이루어지는데, 그중 하나는 이미지와 같은 데이터 형식을 이용하는 것이다. 학생들을 위해 디자인 플랫폼, 캔바와 같은 도구를 이용해 보자.

캔바는 교사가 미리 교육용 인증을 받아 두면 학생들이 손쉽게 활용 가능하니 참고하자. 포스터 템플릿을 검색하면 활용할 수 있는 다양한 디자인이 보일 것이다.

디지털 창작물을 만드는 첫 번째 시간이라면, 학생들과 접속한 시점 기준의 가장 첫 번째 템플릿으로 교사가 간단한 매뉴얼을 설명해 주는 것이 좋다. 캔바는 왼쪽 메뉴를 클릭하여 나타나는 개체를 직관적으로 삽입할 수 있기 때문에 대략적인 흐름만 알려 주면 된다. 세세한 기능은 학생들이 직접 디자인을 생산하며 스스로 알아내는 것이 좋다.

　디지털 창작물을 생산한 후에는 꼭 함께 공유하는 시간을 운영할 것을 권한다. 같은 디자인 플랫폼을 사용하더라도 그 결과물이 다채롭게 발현될 수 있음을 알려 주자. 이때 동료평가를 진행할 수도 있는데, 아래의 기준을 참고할 수 있다.

디자인 요소	평가 내용
합목적성	전하고자 하는 목적에 맞게 디자인되었는가?
심미성	보기에 좋게 만들어졌는가?
독창성	창의적으로 남들과 다른 독창적인 디자인을 하였는가?
경제성	복잡하지 않게 중요한 정보를 전달하는가?

19~21차시: 디지털 토론하기 & 디지털 사회 참여하기 – 활동지 ⑧

수업 열기	▶ 디지털로 세상을 바꾼 이야기
수업 흐름	▶ 디지털 토론의 특징 알아보기 ▶ 사회 참여의 방법 알아보기
수업 마무리	▶ 서로 피드백 하기

책 속 주인공 지우가 도깨비 폰에서 벗어나기 위해 자신만의 앱을 만들었듯이, 디지털 세상이 더 좋은 환경으로 변화하기 위해서는 건설적인 사회 참여가 이루어져야 한다.

먼저 디지털 사회 참여 사례와 온라인 토론 공간에 대해 참고할 수 있도록 제시하였다. 아래 내용 중 교사가 미리 학급 상황에 맞는 것을 탐색하여 예시로 제공해 줄 것을 권한다.

디지털 참여의 사례	
말랄라 펀드: 디지털 캠페인을 통한 교육 권리 확산	플라스틱 오션 프로젝트: 환경 캠페인
아라비아의 봄: SNS를 통한 민주화 운동	Change.org: 디지털 청원 플랫폼
온라인 토론 플랫폼, 소개	
시민활동플랫폼 빠띠(parti.coop)	디베이트코리아(debatekorea.org)

이후 온라인에서 토론을 할 때 기본적으로 지켜야 하는 점에 대해 알아보면서 토론에 대한 내용을 알아본다. 실습을 위하여 직접 온라인 토론을 진행해 보자. 패들렛의 샌드박스나, 구글 프레젠테이션의 댓글 기능을 활용하는 방식이 가능할 것이다.

토론 전 탐색하기

1. 토론할 때 지켜야 할 예절은 무엇이 있을까요?

2. 온라인에서 토론할 때 얼굴을 마주 보고 토론하는 것과 다른 점은 무엇입니까?

온라인에서 토론하기

<토론 주제>:

3. 온라인 토론 후 실제 토론과 비교하여 좋았던 점은 무엇인가요?

4. 온라인 토론 후 실제 토론과 비교하여 불편했던 점은 무엇인가요?

5. 온라인에서 토론할 때 더 주의해야 할 점은 무엇일까요?

두 번째 주제는 사회 참여에 관한 것이다. 인터넷은 정보를 접할 수 있는 수단임과 동시에 일종의 사회를 구성하는 장소로 존재한다. 이 인터넷 사회는 기존의 물리적인 공간이 아니기 때문에 왜곡되기 쉬운데 이를 정상적으로 기능하게 하기 위해서는 사람들의 사회적 참여가 필수적이다. 온라인에서의 활동은 하나의 목소리로서 기능할 수 있게 되었다.

이를 수업으로 구성하기 위해 먼저 온라인 사회 참여가 어떻게 이루어지는지 탐색해 볼 필요가 있다. 아래 참고 사이트는 모두 사전 가입이 필요하기 때문에 교사가 대표로 보여 주는 것이 좋다.

사회 참여 플랫폼	
소통 24(sotong.go.kr)	청소년 참여 포털(youth.go.kr)
사회문제 해결 플랫폼(ntis.go.kr)	주민 e직접(juminegov.go.kr)

사회 참여를 직접적으로 실행하기는 어렵기 때문에 교실 내에서 시뮬레이션을 해 보자. 우리 반에서 필요한 활동을 주제로 학급 플랫폼(없는 경우 패들렛)에 의견을 제시하도록 하자. 이후 '좋아요'나 '댓글' 기능으로 참여를 유도하는 것이다. 이 과정에서 사회 참여를 간접적으로 경험할 수 있다.

더 나아가 직접적인 사회 참여를 진행하기 위해서는 학교나 지역사회 문제 등 학생들이 공통적으로 경험하고 있는 사례를 주제로 제공하는 것이 좋다. 본 도서에서는 지역구의 국회의원에게 문제 해결을 촉구하는 메일을 쓰는 방식을 선택하였으며, 이 과정은 심화 차시로 참고해 보면 좋겠다.

22~23차시: 디지털 공간 속 나 창조하기

수업 열기	▶ 메신저 프로필 사진을 바꾼 경험 나누기
수업 흐름	▶ 디지털 공간 속 나 vs 현실의 나 ▶ 디지털 공간 속 나의 캐릭터 창조하기 ▶ 디지털 윤리 서약서 작성하기
수업 마무리	▶ 느낀 점 나누기

학생들뿐만 아니라 현세대를 살아가는 사람이라면 SNS 플랫폼의 프로필 사진을 설정하거나 변경한 경험이 있을 것이다. SNS 프로필 사진은 실제 삶의 나를 반영하면서, 디지털 사회에서 살아가는 가상의 나이기도 하다. 이러한 디지털 공간 속 나의 캐릭터를 만들고, 디지털 윤리 강령과도 연계해 보고자 한다.

활용할 플랫폼은 봉봉 mini(https://kr.vonvon.me/quiz/604)로, 간단하게 나와 닮은 캐릭터를 제작할 수 있어 학생들의 반응이 좋다. 성별을 고르고 캐릭터의 이름을 정하면 된다.

메뉴가 직관적으로 구성되어 있어 초등학교 저학년에서도 충분히 활용 가능하다. 제작이 끝나고 나면 이미지를 저장하거나 링크로 공유할 수 있다.

실제 학생들의 특성과 함께 비교하여 디지털 캐릭터를 만든 사례와 디지털 윤리 서약서와 함께 게시한 사례를 공유한다. 디지털 공간 속에서의 프로필, 캐릭터 등의 용도로 활용해 보면 재미있다.

○태

좋아하는 음식-치킨
혈액형-O형
MBTI-ISTP

24~27차시: 도깨비 세상 VR 만들기 – 활동지 ⑨ [평가]

수업 열기	▶ 책 속 도깨비 세상 떠올리기
수업 흐름	▶ VR 특성 알아보기 ▶ 코스페이시스 에듀 사용법 알기 ▶ 코스페이시스 에듀로 도깨비 세상 VR 제작하기 ▶ 카드보드로 공유하기
수업 마무리	▶ 느낀 점 나누기

저택 안은 책에서나 보았던 99칸 양반집을 연상시킬 정도로 드넓었다. 제비꽃처럼 연한 보라색 저고리를 입은 여자가 도자기를 빚고 있었다. 그런데 진흙을 빚는 것이 아니라 그저 집게손가락을 까딱이면서 허공에 도자기를 그리고 있었다. 그러자 진짜 도자기가 툭 생겨났다. 아이들끼리 노는 방에는 금빛 물고기들이 지느러미를 살랑이며 공중을 헤엄치고 있었다. 이곳 사람들의 외모는 유달리 희거나 까맸다.

위 내용은 책 속에서 처음 도깨비 소굴에 간 지우가 묘사한 내용이다. 도깨비 세상도, 디지털 세상도 직접 겪을 수 없는 가상공간이다. 이러한 가상현실(Virtual Reality)을 교육적으로 제작할 수 있는 플랫폼인 코스페이시스 에듀(Cospaces.io)를 활용해 보자.

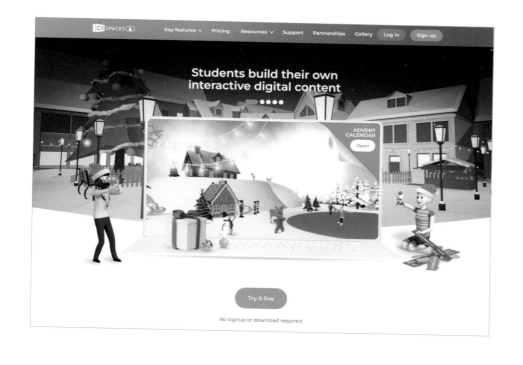

코스페이시스 에듀를 활용하기 위해서는 교사가 먼저 가입 후 학급을 만들어야 한다. 그 후 학생들은 코드를 입력하여 학급에 들어올 수 있다. 이때 교육용 구글 계정을 활용하면 간편할 수 있다.

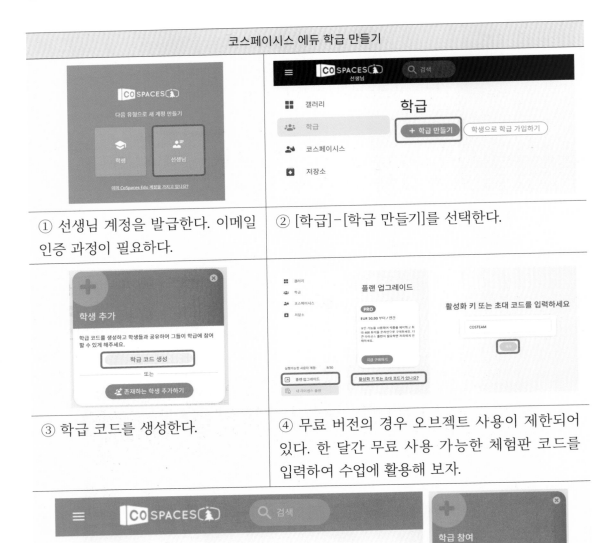

코스페이시스 에듀 학급 만들기

① 선생님 계정을 발급한다. 이메일 인증 과정이 필요하다.

② [학급]-[학급 만들기]를 선택한다.

③ 학급 코드를 생성한다.

④ 무료 버전의 경우 오브젝트 사용이 제한되어 있다. 한 달간 무료 사용 가능한 체험판 코드를 입력하여 수업에 활용해 보자.

⑤ 학생 계정에서 학급 코드를 입력하면 된다. 선생님이 활성화해 둔 체험판을 함께 사용할 수 있다.

코스페이시스 에듀의 간단한 조작 방법을 소개하겠다. 먼저 하단 메뉴에서 오브젝트를 드래그하여 삽입할 수 있다. 또 오브젝트의 설정 창에서 회전, 이동, 드래그하여 올리기, 드래그하여 크기 바꾸기가 가능하다.

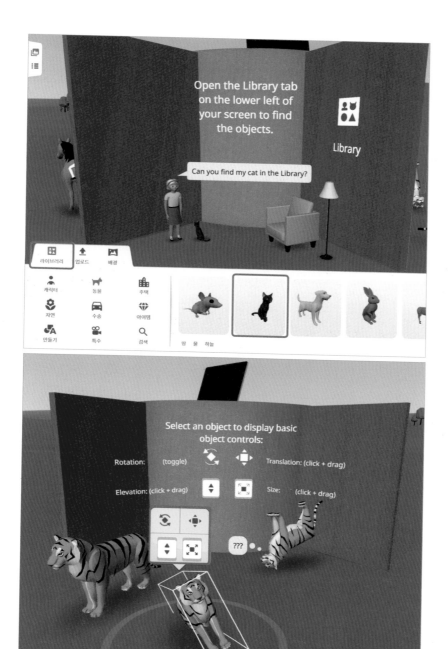

마지막으로 오브젝트를 더블클릭하면 기능 창이 나오는데, 대화/애니메이션/재질 등을 설정할 수 있다. [대화] 기능은 말하기나 생각하기 풍선을 넣을 수 있고, [애니메이션] 설정을 통해 간단한 움직임을 구현할 수 있다. [재질] 메뉴에서는 오브젝트의 피부색 등을 변경할 수 있다.

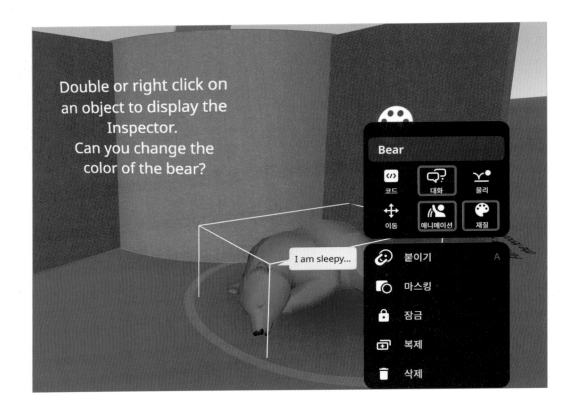

코스페이시스 에듀의 기초적인 조작법 수업까지를 한 차시로 구성하기를 권한다.

이제 본격적으로 책 속 상황으로 연계해 보자. 실제로 가볼 수 없는 도깨비 세상, 그리고 가상으로 존재하는 디지털 공간. 우리가 직접 겪을 수 없다는 점에서 비슷한 이 공간을 VR로 제작해 보는 것이다.

도깨비들이 '무언가를 만들기 좋아하는 사람의 마음'에서 생겨난 거라면, 그들의 기술이 빨리 발달한 것도 납득이 되었다. 이 세상은 파헤치고 싶은 비밀과 신비함으로 가득 차 있다고 생각했다.

책 속에서 도깨비 세상은 지우의 기를 빨아먹는 공간이기도 했지만, 마지막에 지우는 도깨비 세상의 가능성을 엿보게 된다. VR로 제작 전 간단한 계획을 세울 수 있는 활동지를 제공해 준다면 더욱 좋을 것이다. 본 도서에서는 디지털 공간 속 문제를 구체화하여 고를 수 있도록 제공하였으니 참고하자.

가상 공간 탐색하기

1. 도깨비 세상과 디지털 공간의 공통점은 무엇입니까?

가상 현실 설계하기

2. VR로 해결하고 싶은 가상 문제를 골라 봅시다.

　악플, 패드립, 저격글, 허위 사실 유포, 댓글 싸움, 단톡방 괴롭힘 또는 자유 주제:

3. 설계할 VR을 그림으로 스케치하여 봅시다.

학생들의 계획 스케치와 이를 구현한 가상현실 산출물이다. 메신저에서 대화를 나누는 상황을 시각화하여 나타낸 점이 인상 깊다.

예산 상황이 가능하다면 카드보드를 구매하여 VR 관람회를 개최해 보아도 좋다. 카드보드는 2,000원~6,000원대까지 다양하며, 제작한 가상현실을 스마트폰 등의 기기에서 3D 모드로 재생할 수 있다.

[평가]

성취기준	평가 요소	평가 방법	평가 기준		평가 시기
[3국노벨디지털-03] 디지털 기술을 활용하여 문제를 해결하는 과정을 계획하고 실행하며, 기술을 윤리적이고 책임감 있게 사용할 수 있다.	책 내용을 가상현실로 표현해 보기	[프로젝트 수업] 책 내용의 일부를 차용하여 현실에서 해결하기 어려운 문제를 골라 해결 계획을 수립함. 3D 저작 도구를 이용하여 가상공간을 제작함. [산출물 평가]	매우 잘함	현실의 문제를 가상공간에서 해결할 수 있도록 설계하고 이를 토대로 3D 저작 도구를 이용하여 가상현실을 제작하고 공유할 수 있다.	6월
			잘함	현실의 문제를 가상공간으로 설계하고 이를 토대로 3D 저작 도구를 이용하여 가상현실을 제작할 수 있다.	
			보통	설계한 내용에 따라 3D 저작 도구를 이용하여 가상현실을 제작할 수 있다.	
			노력 요함	현실 문제를 3D 저작 도구를 이용하여 가상현실로 표현하는 것에 어려움을 느낀다.	

<이야기 바꾸어 쓰기> 디지털 세상 주인공 되기 - 활동지 ⑩

28~29차시: 나만의 이야기 쓰기

수업 열기	▶ 지금까지 배운 내용 정리하기 (활동 정리하기)
수업 흐름	▶ 자신의 스마트폰 사용 돌아보기 ▶ 디지털 시간 관리 계획 세우기 ▶ 나만의 이야기 쓰기
수업 마무리	▶ 디지털 세상 돌아보기

이제 학교자율과정 전반을 돌아보고 이야기 바꾸어 쓰기로 내면화해 보자. 책 속 주인공 지우도 '도깨비 폰을 사용하든 안 하든, 그것보다 중요한 것은 마음을 지키고 영혼을 다잡는 것'이라고 말하고 있다. 디지털 사회를 살아갈 우리가 가져야 할 덕목은 무조건적인 디지털 배척도 아니고, 디지털 찬양도 아니다. 적절한 기회에 알맞은 플랫폼을 선정하여 문제를 해결하고, 스스로 디지털 기기 사용 시간을 점검하고 관리할 수 있는 능력이 필요하다.

먼저 나의 디지털 사용 시간에 대해 돌아보는 것이 좋겠다. 여기서 유의할 점은 디지털 기기를 손에 쥐고 있는 시간 전체를 측정하기보다, 콘텐츠를 의미 없이 소비하거나 시간을 과하게 사용하여 게임을 하는 등의 불필요한 기기 사용에 집중해야 한다는 것이다. 학생들의 스마트폰에서 스크린 타임을 확인해 보고 스스로를 돌아보는 것도 가능하다.

나의 시간 관리 계획 세우기

1. 나는 언제 디지털 기기를 사용하는지, 어떤 용도로 사용하는지 돌아봅시다.

시간표

스스로의 스마트 기기 사용을 돌아봤다면 이제 나만의 뒷이야기를 써 볼 것이다. 주인공 지우는 도깨비 폰을 어떻게 사용해야 할지 그 방법을 체득했다. 그렇다면 이제 우리 학생들의 차례다.

학교자율시간 전반을 통해 디지털 특성을 이해하고, 그에 걸맞은 협업-글쓰기-디지털 창작 등의 활동을 진행해 왔다. 그 과정에서 배우고 익힌 내용을 담아 나만의 뒷이야기를 써 보자.

2. 스마트폰 사용에 관한 나만의 이야기를 써 봅시다.

이야기를 쓴 후 서로 발표하고 공유함으로써 저마다 어떤 디지털 역량을 중점을 두었는지 서로 나눌 수 있다. 디지털 시대를 살아갈 학생들에게 디지털 역량은 필수적이며, 이번 학교자율시간을 통해 새로운 디지털 시민으로서 자리매김하는 시간이었기를 바란다. 특히 '스마트폰 중독'이라는 현세대의 가장 큰 걱정거리를 스토리텔링으로 풀어 가는 노벨 엔지니어링을 통해 실생활 문제를 확장하는 학습 경험을 제공할 수 있었다. 더 나아가 학생들의 실제 스마트폰 사용에도 긍정적인 영향을 줄 수 있도록 삶의 문제로 전이를 기대하는 바이다.

1) 교육부(2022). 2022 개정 교육과정 총론. 교육부 고시 제2022-33호.

2) 이영호. (2022). 국가별 디지털 리터러시 교육 현황 탐색 및 시사점 분석. 정보교육학회논문지, 26(5), 385-396.

3) 신수범, 박남제, 김갑수, 김철, 정영식 and 성영훈. (2017). 정보과 교육과정에서 컴퓨팅 사고력과 연계한 디지털 소양 교육과정 프레임워크 개발. 정보교육학회논문지, 21(1), 115-126.

4) 송해남, 김태령. (2022). VR 저작도구 기반 노벨 엔지니어링(NE) 교육이 초등학생의 융합인재 소양과 학습 몰입에 미치는 효과. 정보교육학회논문지, 26(3), 153-165.

5) https://www.youtube.com/watch?v=bB14hPGgH3Y

6) https://www.youtube.com/watch?v=nv2N-p_5khM

4장

열두 살,
나의 진로

[활동의 개관]

활동 교과	국어	적용 학년	5학년
적용 학기	2학기	적용 시간	32
사용 교재	☐ 기존 개발 도서(시중 유통 도서) ■ 교과서 없이 교수·학습 자료 활용		

[활동의 설계]

1. 활동명: 열두 살, 나의 진로

2. 활동 개설의 필요성 및 목표

진로는 인간이 태어나 죽기까지의 전 과정을 내포하는 단어로, 전 생애를 통해 자신의 진로를 고민하는 것은 중요한 과업이다(Savickas et al., 2009).[1] 여기서 말하는 진로 교육이란 직업의 선택이나 대학 진학보다도 포괄적인 관점에서 학생들이 삶을 설계할 수 있도록 하는 데 있다(정효정 외, 2019).[2]

이에 2022 개정 교육과정과 진로 교육 내실화 지원 계획에서도 학생들의 자기 주도적 진로 개발 역량을 강화하기 위한 전략을 제시하고 있다.[3] 특히 미래 사회의 불확실성(기상이변, 기후 환경 변화 등)에 맞는 진로 교육을 강조하고 있는데, 여기에는 디지털 기반의 기술 발전이 빠르게 이루어져 직업 환경이 계속 변화한다는 점도 기인하고 있다. 즉 단순히 직업 선택을 넘어서, 급격히 변화하는 직업 세계에서 자립적이고 유연하게 자신의 진로를 지속 가능하게 개척해 나갈 수 있어야 한다는 것이다. 이것을 진로 탄력성(career resilience)이라 일컫는다.

이 진로 탄력성을 기르는 프로젝트를 위해 진로 구성 이론에 입각한 내러티브를 활용할 것이다. 내러티브란, 이야기를 소재로 진로 정체성을 변화시키는 방법을 의미한다(Savickas, 2011).[4] 학생들은 자신의 이야기를 통해 직업 세계를 해석하고 정체성을 탐구하며, 더 나아가 적응을 도울 수 있다(강혜정, 임은미, 2020).[5] 특히 노벨 엔지니어링을 통해 책을 읽고 자신의 진로 이야기를 쓰는 활동으로 확장시켰을 때, 그 가능성을 높게 판단한 바 있다(송해남 외, 2021).[6]

'직업'보다는 '꿈'에 맞춘 장래 희망을 소개하는 책을 읽는 것으로 프로젝트가 시작된다. 책 속 맥락을 따라 진로 흥미 검사, 직업 탐색, 미래 일기 쓰기, 명함 만들기 등의 과정에 참여한다. 이 과정에서 가장 중요한 것은 학생 스스로에게 집중하여 저마다의 흥미, 적성, 특기를 탐색하고 이를 이야기로 표현하는 것에 있다. 본 활동을 통해 학생들은 자아 정체성을 이해하고 탐구하며, 실제적 삶의 문제와 연결 지음으로써 불확실한 미래 사회에 대응하는 진로 탄력성을 기를 수 있을 것이다.

[편제]

구분			국가 기준	5~6학년군		
				5학년	6학년	계 (증감)
교과 (군)	공통 교과	국어	408	194	204	398 (-10)
		학교자율시간		32	0	(+32)
		사회/도덕 사회	272	204 / 102	102	204
		사회/도덕 도덕		68 / 30	34	64 (-4)
		수학	272	136	136	272
		과학/실과 과학	340	204 / 102	102	204
		과학/실과 실과		136 / 58	68	126 (-10)
		체육	204	102	102	204
		예술 음악	272	136 / 68	68	136
		예술 미술		136 / 68	68	136
		영어	204	102	102	204
창의적 체험활동(자·동·진)			204	94	102	196 (-8)
소계			2,176	1,088	1,088	2,176

[교수·학습 방향 및 내용 체계]

진로 융합 교육		
핵심 아이디어	▶ 독서는 책을 읽으며 자아를 탐구하고 삶과 공동체의 문제를 소통하는 행위이다. ▶ 자아 개념을 이해하고 다양하게 자신을 탐색하는 것은 인간이 자기 주도적 삶을 영위하고 건강한 직업 가치관을 형성하는 데에 기반이 된다. ▶ 인간은 진로에 대한 생각이나 느낌을 표현하면서 자아를 성찰하고 공유하는 과정을 통해 공동체의 일원으로 성장하게 된다.	
지식·이해	과정·기능	가치·태도
▶ 진로 발달과 직업 ▶ 다양한 읽기 속 자기 이해	▶ 직업 흥미 및 적성 탐색 ▶ 나의 진로 설계하기 ▶ 나의 진로 다양하게 표현하기 ▶ 책 속 상황과 실생활 연결하기	▶ 건강한 직업 가치관 ▶ 긍정적인 자아 개념 ▶ 주체적이고 주도적인 진로관 ▶ 문학을 통한 내면화

[기존 교과와의 연계 가능한 내용 요소 추출]

범주	국어	도덕	실과	진로 활동
지식·이해	▶ 일상적 화제나 사회·문화적 화제의 글	▶ 자주적인 삶 ▶ 반성적 성찰	▶ 진로 발달과 직업	▶ 자기 이해 ▶ 일과 직업의 역할 이해
과정·기능	▶ 다양한 글이나 자료 읽기를 통해 문제 해결하기 ▶ 독자, 매체를 고려하여 내용 생성하기 ▶ 목적에 맞는 자료 검색하기	▶ 자신의 적성을 도덕적으로 탐색하기	▶ 자립적 일상생활	▶ 직업 흥미 및 적성 탐색 ▶ 진로 설계
가치·태도	▶ 읽기에 적극적 참여 ▶ 문학을 통한 자아 성찰	▶ 주체적인 삶의 태도	▶ 진로를 주도적으로 탐색하는 태도	▶ 긍정적인 자아 개념 ▶ 건강한 직업 가치관

[성취기준]

[5국노벨진로-01] 진로 발달의 중요성을 알고, 인물의 마음이나 생각을 자신과 연결하여 읽을 수 있다.

[5국노벨진로-02] 직업의 필요성을 이해하고, 건강한 직업 가치관을 바탕으로 긍정적인 자아 개념을 가진다.

[5국노벨진로-03] 자신의 진로를 담아 다양하게 표현하고, 문학과 자신의 삶을 연관 지어 내면화한다.

[5국노벨진로-04] 스스로에 대한 이해를 기반으로, 자신의 적성을 탐색하고 진로를 설계하여 주체적인 진로관을 기른다.

[차시 흐름]

단계	성취기준	차시	수업 주제	세부 활동 내용	비고
책 읽기	[5국노벨진로-01]	1~2	열두 살, 너의 장래 희망은?	'열두 살 장래 희망' 읽기	
		3		미래 두 줄 말하기	
문제 인식	[5국노벨진로-02]	4~5	직업의 중요성 알기	직업이 없는 세상 상상해 보기	
		6~7		직업 인터뷰하기	
해결책 설계	[5국노벨진로-03] [5국노벨진로-04]	8~9	나는 어떤 사람일까?	진로 흥미 탐색 검사 및 보고서 작성하기	평가
		10~11		MBTI와 직업 탐구하기	
		12~13		다중 지능검사로 나의 강점 찾기	
		14~15		아무튼 직업 탐색하기	
		16		미래 직업 일기 쓰기	
창작물 만들기	[5국노벨진로-03]	17~18	나의 미래 표현하기	비전 명함 제작하기	
		19~20		직업 로고 디자인하기	
		21~22		직업 굿즈 만들기	
		23~25		장점 브랜딩하기 장점 브랜딩 포스터 만들기	
		26~28		직업 브이로그 만들기	
이야기 바꾸어 쓰기	[5국노벨진로-03] [5국노벨진로-04]	28~29	나의 미래, 우리의 미래	직업 박람회 개최하기	
				나의 진로 이야기 표현하기 발표 및 공유하기	평가

[차시 설명]

<책 읽기> 열두 살, 너의 장래 희망은?

1~2차시: '열두 살 장래 희망' 읽기

수업 열기	▶ 책 표지 살펴보기 ▶ 보이는 직업 말하기
수업 흐름	▶ 목차 살펴보기 ▶ 내가 되고 싶은 사람 골라서 읽기
수업 마무리	▶ 친구들과 내용 나누기

《열두 살 장래 희망》은 직업보다도 꿈에 초점을 맞추어 미래를 생각해 볼 수 있도록 해 준다. 목차만 훑어봐도 '무엇이든 잘 고치는 사람, 엉뚱한 상상을 많이 하는 사람, 운전을 잘하는 사람……' 등으로 미래를 소개하고 있다.

미래 사회의 변화 속도가 빠른 만큼, 현재의 관점에서 직업을 선정하는 것보다 중요한 것은 나의 적성과 흥미 등을 알고 상황에 맞게 진로를 설계할 수 있는 능력이 아닐까?

책 자체의 내용을 모두 이해해야만 후반 프로젝트 실행이 가능한 것이 아니므로 원하는 부분을 골라서 읽어도 좋다. 책 학생들과 목차를 함께 훑으며 가장 되고 싶은 사람을 골라 읽어 보는 방식으로 진행해 보자. 이러한 진로 탄력성을 길러 주기 위한 관점이 부합한다면 다른 도서로 대체해도 무방하다. 더불어 책의 나머지 부분을 아침 시간, 쉬는 시간, 점심시간 등에 읽도록 하여 수업 시간을 확보해도 좋다.

3차시: 미래 두 줄 말하기 - 활동지 ①

수업 열기	▶ 책 내용 떠올리기
수업 흐름	▶ 내가 되고 싶은 사람 떠올리기 ▶ 그 이유 작성하기 ▶ 미래 두 줄 말하기
수업 마무리	▶ 나의 비전 수립하기

두 줄 말하기는 디자인 사고 기법 중 '두 줄 생각'을 기반으로 고안한 활동이다. 여러 가지 문제들을 두 줄로 표현해 보는 활동으로, 첫 번째 문장은 비유를 들고 두 번째 문장은 그 까닭을 적는 방식이다.

나는 (   )하는 사람이 되고 싶다.

왜냐하면

책 내용 역시, 자신의 미래를 '~하는 사람'으로 소개하고 있다. 나의 미래 모습도 마찬가지로 표현한다면 추후 프로젝트의 맥락을 유의미하게 연결해 갈 수 있을 것이다. 직업 자체를 고르는 데에 어려움이 있는 학생들 또한 '~하는 사람'의 방식으로 소개하는 것 자체에 부담감은 없었다.

이렇게 자신이 이루고 싶은 모습을 '비전(Vision)'이라 한다. 단순한 목표보다는 방향성을 담고 있는 가치관에 가깝다. 비전이 수립된다면 직업의 종류가 바뀌더라도 삶을 끌어가는 핵심 목표나 가치관은 흔들리지 않을 것이다.

<문제 인식> 직업의 중요성 알기

4~5차시: 직업이 없는 세상 상상해 보기 - 활동지 ②

수업 열기	▶ 알고 있는 직업의 종류 말하기
수업 흐름	▶ 직업 중 1가지를 선정하여, 그 직업이 없는 세상 상상하기 ▶ 불편한 점, 어려운 점 표현하기
수업 마무리	▶ 느낀 점 나누기

이번 차시에서는 세상에 직업이 하나도 없다면 어떻게 될지 상상해 봄으로써 반대로 직업의 중요성을 체득시키고자 한다. 돈을 벌기 위한 수단으로서의 직업이 아닌, 사회 구성원으로서 존재하고 세상을 이루는 직업의 중요성에 초점을 맞추었다.

수업 도입에 알고 있는 직업들을 말해 보게 하자. 의사, 경찰관, 소방관, 선생님, 요리사……. 이런 직업 중 1가지를 골라 활동에 참여할 수 있도록 한다. 이 직업이 없을 경우 일어날 법한 일을 상상하는 것이다.

( )이 없을 경우	
내 개인적으로 불편하고 어려운 점	사회적으로 불편하고 어려운 점

단순하게 자신의 관점에서만 불편함을 상상하지 않도록 영역을 나누어 주는 것을 추천한다. 표현 방식은 글이나 그림, 무엇이든 상관없다.

요리사가 없는 세상을 상상한 어린이는 개인적으로 맛있는 음식을 먹기가 힘들고, 요리법을 배울 기회가 사라진다는 불만을 토로했다. 더 나아가 사회적 관점으로는 음식점이나 호텔 운영이 어렵다는 경제적인 부분, 사람들의 건강을 고려하는 복지의 영역으로도 생각을 넓혔다. 학생들마다 선정한 직업이 다르므로 서로 공유할 수 있는 시간을 준다.

이렇듯 '직업'은 개인적인 부분을 넘어, 사회의 구성 요소로서 존재한다. 직업 필요성을 바르게 인식하고 건강한 가치관을 확립할 수 있도록 충분한 사고의 기회를 주는 것이 좋다.

6~7차시: 직업 인터뷰하기 – 활동지 ③

수업 열기	▶ 직업이 없는 세상의 불편함 떠올리기
수업 흐름	▶ 주변의 직업 중 소중하고 감사했던 경험 나누기 ▶ 인터뷰할 직업 선정하기 ▶ 인터뷰 준비하기 ▶ (가정 연계) 인터뷰 진행하기 ▶ 알게 된 내용 공유하기
수업 마무리	▶ 느낀 점 나누기

앞 차시에서 직업의 필요성과 긍정적인 직업 가치관을 형성했다면 구체적인 직업인을 인터뷰하여 직업의 소중함을 인식시켜 보자. 더불어 일로서의 직업이 아니라 개인의 적성을 펼치고 자아를 실현하는 수단으로서의 직업에 집중해 볼 차례다.

초등 교실에서 인터뷰는 수행하기도 어렵고, 그 질을 담보하기도 쉽지 않다. 따라서 사전 준비를 세심하게 할 필요가 있다. 내 주변의 직업, 가까이서 느낀 직업 중 감사했던 경험을 먼저 나누는 것이다. 아침에 아파트 경비원 아저씨를 만나 인사를 나누었을 수도 있고, 학교 근처에서 순찰 중인 경찰관을 만났을 수도 있다. 또 학교에는 선생님, 급식 조리사, 청소원 등의 직업이 나의 하루를 지원해 준다. 방과 후 학원, 병원, 마트에 간다면 또 다른 직업을 만나 볼 수 있다. 또한, 집에서 매일 마주치는 부모님의 직업도 있을 것이다. 이렇게 일상에서 마주치는 직업의 소중함을 먼저 떠올려보고, 인터뷰할 직업을 고르는 것으로 자연스럽게 이어 간다면 인터뷰 실행이 어렵지 않을 것이다.

이제 인터뷰 질문을 만들어 보자. 질문의 수가 많은 것보다 개인의 꿈과 자아에 대해 묻는 질문이어야 한다. 다음의 추천 질문들을 활용하되, 1개 정도는 스스로 질문을 만들도록 권해 주는 것도 좋다.

추천 질문 목록

1. 이 직업을 선택하게 된 특별한 이유나 계기가 있나요?

2. 이 일을 하면서 가장 행복했던 순간은 언제였나요?

3. 어릴 때 어떤 꿈을 꾸셨나요? 지금의 직업과 연결되어 있나요?

4. 이 일을 하면서 나 자신이 성장했다고 느낀 적이 있나요?

5. 이 직업을 통해 세상에 어떤 도움을 주고 있다고 생각하시나요?

6. 이 일을 하면서 힘들 때는 어떻게 극복하시나요?

7. 이 직업을 갖기 위해 어떤 노력을 하셨나요?

8. 이 일을 하면서 새롭게 배우거나 깨달은 점이 있나요?

9. 이 직업이 없었더라면 무엇을 하고 있었을까요?

10. 나중에 커서 이 직업을 꿈꾸는 친구들에게 해 주고 싶은 말이 있나요?

인터뷰를 직접 실행하는 것은 교실 밖으로의 학습까지 연계된다는 뜻이다. 과제 제시 기간을 충분히 주고, 서툴더라도 실제로 수행할 수 있도록 충분히 지원해 주자. 혹시나 스스로 인터뷰를 진행하기 어려운 학생들은 학교 내 직업을 고를 수 있도록 유도해 주어도 좋다.

인터뷰할 직업 선정하기	
1. 하루 동안 만난 직업을 떠올려 보세요.	2. 그 직업으로 인해 소중하고 감사했던 경험을 써 보세요.

인터뷰하기	
첫 번째 질문.	두 번째 질문.
세 번째 질문.	느낀 점/새로 알게 된 점

<해결책 설계> 나는 어떤 사람일까?

8~9차시: 진로 흥미 탐색 검사 및 보고서 작성하기 – 활동지 ④ [평가]

수업 열기	▶ 가장 흥미 있는 직업 말하기
수업 흐름	▶ 직업 흥미는 사람마다 다를 수 있고, 계속 변화할 수 있음을 알기 ▶ 주니어 커리어넷 접속하기 ▶ 진로 흥미 탐색 검사 실시하기 ▶ 진로 흥미 탐색 보고서 작성하기 ▶ 추천 직업 선정하기
수업 마무리	▶ 추천 직업 중 가장 마음에 드는 것 공유하기

이번 8차시부터 15차시까지는 여러 직업과 진로에 흥미를 가지는 것에 목표를 두고 있다. 특정 직업을 정하는 것이 핵심이 아니라, '나의 특성'과 그에 따른 '진로, 직업'에 대해 관심을 갖도록 해 주자.

여러 가지 방식으로 진로 흥미 탐색 검사를 진행할 수 있지만, 주니어 커리어넷(https://www.career.go.kr/jr/)에서 제공하는 무료 검사를 추천한다.

따로 회원 가입 절차 없이 비회원이어도 검사가 가능하고, 학생들의 수준에 맞게 검사 문항이 이루어져 있기 때문에 활용도가 높다. 48개의 문항에 응답하고 나면 홀란드의 진로 유형에 맞는 검사 결과를 보여 준다. 다만, 비회원의 경우 검사 결과가 저장되지 않으므로 미리 다운로드해 둘 것을 권한다. 학생들이 스마트 기기를 다루다 보면 검사 결과 화면을 놓치는 경우가 종종 있기 때문이다.

높은 점수가 나온 유형에 대한 분석과 함께 추천 직업 목록도 확인할 수 있다. 해당 검사 후 개인의 진로 흥미 탐색 보고서를 써 보았다. '나 자신'에 대해 탐구하고 흥미를 가질 고학년 시기의 학생들에게 매우 반응이 좋은 활동이다. 특히 추천 직업 중 마음에 드는 것을 골라 보게 해 주면, 마치 직업 선택을 앞둔 취업 준비생처럼 진지해진다.

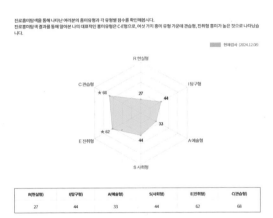

행복한 꿈을 꾸는 진로 흥미 탐색 결과 보고서

1. 나의 흥미 유형 탐색 결과 T 점수

R(현실형)	I(탐구형)	A(예술형)	S(사회형)	E(진취형)	C(관습형)
43	44	51	45	47	60

2. 나의 주요 흥미 유형

나의 유형	C-A형
나의 유형 설명	모험을 좋아하지 않지만 다른사람이 하는 모험을 좋아합니다. 이들은 순수예술가를 지원하는 일이나 그들에게 질서를 주는 활동을 좋아합니다.

3. 나와 관련된 특징 / 추천 직업

유형 설명 (2가지 이상)	성실하며, 세부사항을 잘 다루고 책임감 있게 자신에게 주어진 일을 잘 수행한다. / 자신의 노력으로 인해 학급이나 조직이 원활하게 돌아갈 때 보람을 느낀다.
추천 직업 (마음에 드는 것)	공무원,판사 및 검사
유형 설명 (2가지 이상)	자신에게 어울리는 스타일을 잘 찾아내고 이를 자신만의 독특한 방식으로 표현한다. / 새로운 것을 독창적으로 표현하고 만들어 낼때 보람을 느낀다.
추천 직업 (마음에 드는 것)	연예인,작곡가

행복한 꿈을 꾸는 진로 흥미 탐색 결과 보고서

1. 나의 흥미 유형 탐색 결과 T 점수

R(현실형)	I(탐구형)	A(예술형)	S(사회형)	E(진취형)	C(관습형)
47	52	55	54	61	60

2. 나의 주요 흥미 유형

나의 유형	E-C
나의 유형 설명	리더가 되는 것을 좋아한다. 의사결정을 확실하게 내리며 권한을 필요로 하는 활동을 좋아한다. 종종 경쟁적이고 자신의 성취에 만족하지 않고 새로운 목표를 만들어낸다.

3. 나와 관련된 특징 / 추천 직업

유형 설명 (2가지 이상)	자신감이 있으며, 활기차고, 자기 주장이 뚜렷하다. 자신의 주장을 다른 사람에게 효과적으로 설명하거나,목표된 일을 달성했을 때 만족감을 느낀다.
추천 직업 (마음에 드는 것)	연예인,아나운서
유형 설명 (2가지 이상)	어떤 일에 대해 미리 준비하고 대비하는 성향이 강하다. 숫자를 이용하는 활동을 좋아하며, 약속을 잘 지키고 학교 규칙과 질서를 잘 지킨다.
추천 직업 (마음에 드는 것)	공무원,판사 및 검사

[평가]

성취기준	평가 요소	평가 방법	평가 기준		평가 시기
[5국노벨진로-04] 스스로에 대한 이해를 기반으로, 자신의 적성을 탐색하고 진로를 설계하여 주체적인 진로관을 기른다.	자신의 적성을 탐색하여 보고서로 작성하기	[문제 해결 수업] 스스로의 흥미, 강점, 성향 등을 탐구함. 자신의 적성을 탐색하고 진로를 설계하여 보고서로 나타냄. [보고서]	매우 잘함	스스로의 흥미, 강점, 성향을 정확히 알고, 자신의 적성을 명확히 탐색하여 보고서를 작성할 수 있다.	10월
			잘함	스스로의 흥미, 강점, 성향을 알고, 자신의 적성을 구체적으로 탐색하여 보고서로 나타낼 수 있다.	
			보통	스스로의 흥미, 강점, 성향에 관심을 갖고, 적성을 탐색하여 보고서로 나타낼 수 있다.	
			노력 요함	스스로에 대한 이해가 부족하며, 진로에 대한 구체적인 설계를 하지 못한다.	

10~11차시: MBTI와 직업 탐구하기

수업 열기	▶ 선생님의 MBTI는 뭘까?
수업 흐름	▶ MBTI란? ▶ MBTI 간이검사 실시하기 ▶ 자신의 MBTI 특성 발표하기 ▶ MBTI별 추천 직업 탐구하기
수업 마무리	▶ 느낀 점 나누기

MBTI(Myers-Briggs Type Indicator)는 마이어스−브릭스 유형 지표로 사람의 성격을 16가지의 유형으로 나누어 분석한 결과이다. 에너지의 방향을 외향(Extroversion)과 내향(Introversion)으로, 세상을 인식하는 방식을 감각(Sensing)과 직관(iNtuition)으로 나누었다. 또 판단의 근거를 사고(Thinking)와 감정(Feeling)으로, 선호하는 삶의 방식을 판단(Judging)과 인식(Perceiving)으로 분류하였다.

현세대에서는 서로의 공통점과 차이점을 이해하기 위한 방법으로 인기가 많아, 이 책을 읽는 선생님들 역시 스스로의 MBTI를 알고 있을 것이다. 초등학교 고학년 학생들은 자신에 대한 관심이 높아지고, 스스로의 특성을 남에게 설명하기를 좋아하기 때문에 수업의 주제로 활용하기에 좋다. 학교자율시간이 아니더라도 한 번쯤 수업을 해본 경우가 있을 법하다.

여러 검사지가 있겠지만, 초등학생에게 크게 어렵지 않은 단어들이 쓰이지 않았는지 꼭 미리 확인해야 한다. 본 도서에서는 'MBTI 간이검사'라고 검색한 결과를 추천한다.

총 48문항으로 비교적 간단하게 시행 가능하며 결과가 우측 사진처럼 제공된다. 스스로의 성격 유형에 대한 설명을 읽어 보는 것만으로도 충분히 즐거워하지만, 우리는 직업과 연계시켜 보자.

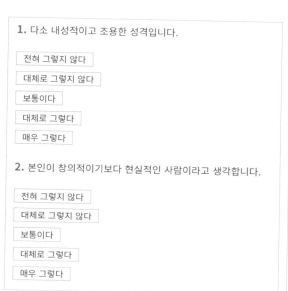

성격 유형별 추천 직업에 대해 조사해 볼 차례다. 자료 검색을 자주 해 본 학생들이라면 'ESTJ 추천 직업'처럼 검색어 조합을 알려 주면 된다. 굳이 검색하지 않아도 잡코리아에서 제공하는 MBTI별 추천 직업 자료를 활용해도 재미있겠다.[7]

MBTI 별 어울리는 직업 추천

ENFP #재기 발랄한 활동가
: 크리에이티브 디렉터, 디자이너, 시나리오작가, 방송 프로듀서, 홍보 컨설턴트, 상담사, 상품 기획자

ENFJ #정의로운 사회운동가
: 아나운서, 리포터, 방송 MC, 언어교사, 아동 복지사, CEO, 취업 컨설턴트, 동시 통역가

INFP #열정적인 중재자
: 예술가, 소설가, 시인, 음악가, 미술 치료사, 사회복지사, 작곡가, 사서

INFJ #선의의 옹호자
: 직업상담사, 특수 교사, 노인 복지사, 아트 디렉터, 프리랜서 기획, 저널리스트, 상품기획 MD

ENTP #논쟁을 즐기는 변론가
: 발명가, 벤처 사업가, 에이전트, 배우, 가수, 영화감독, 칼럼니스트, 정치인

ENTJ #대담한 통솔자
: 경영 컨설턴트, 공인 중개사, 관리사, 변호사, 재무 상담사, 경제 분석가, 벤처 투자가, 판사

INTP #논리적인 사색가
: 경제학자, 심리학자, 경찰, 프로그래머, 천문학자, 비평가, 아트디렉터, 연구원

INTJ #용의주도한 전략가
: 분석가, 회계사, 인류학자, 파일럿, 경영 컨설턴트, 제약회사 연구원, 웹 개발자, 최고 재무 책임자

ESTJ #엄격한 관리자
: 감독관, 예산 분석가, 은행장, 정책 책임자, 보안 요원, 기관사, 교육 전문가

ESFJ #사교적인 외교관
: 홍보 책임자, 호텔 지배인, 마케팅 책임자, 초등학교 교사, 특수 교사, 비서, 유치원 교사

ISTJ #청렴 결백한 논리주의자
: 통계학자, 바이어, 기상학자, 법률 연구원, 보험 심사관, 형사, 감정 평가사, 세관 조사관

ISFJ #용감한 수호자
: 행정 보조원, 인사 관리자, 신용 상담가, 보호 감찰관, 물리치료사, 정신과 의사, 방사선 기사

ESTP #모험을 즐기는 사업가
: 경찰관, 소방관, 군 장교, 펀드 매니저, 은행원, 기자, 여행 가이드, 건축 엔지니어

ESFP #자유로운 영혼의 연예인
: 코미디언, 의상 디자이너, 일러스트레이터, 애니메이터, 여행 상품 기획자, 놀이 치료사, 승무원

ISTP #만능 재주꾼
: 파일럿, 카레이서, 범죄학자, 사진 작가, 판매원, 운동선수, 항공기 정비사, 네트워크 관리자

ISFP #호기심 많은 예술가
: 보석 세공사, 음향 디자이너, 만화가, 지질학자, 사육사, 수의사, 법률 비서, 약사

JOBKOREA

앞 차시에서 진로 흥미 유형에 따라 추천 직업을 살펴본 뒤이다. 진로 흥미 유형과 연계하여 MBTI에 따른 직업과 비교해 보아도 재미있을 것이다.

12~13차시: 다중 지능 검사로 나의 강점 찾기

수업 열기	▶ 나의 강점 생각하기
수업 흐름	▶ 다중 지능 이론이란? ▶ 여덟 가지 지능 알아보기 ▶ 다중 지능 검사 시행하기 ▶ 나의 강점 발표하기
수업 마무리	▶ 느낀 점 나누기

　다중 지능 이론은 하워드 가드너가 제시한 이론으로 인간의 지능은 독립적으로 이루어진다는 내용이다. 인간에게는 여덟 개의 지능이 있는데, IQ가 낮더라도 여덟 개의 지능 중 하나 이상의 영역에서 뛰어날 수 있다는 것이다. 언어 지능, 논리·수학적 지능, 공간 지능, 신체·운동 지능, 음악 지능, 개인 내 지능, 자연주의적 지능, 대인관계 지능의 여덟 개 중 내가 강점을 지닌 영역이 무엇인지를 탐색하는 것이다. 이러한 다중 지능 이론은 모든 사람은 어떤 영역으로든 자신의 강점을 가진다는 것을 전제로 하고 있다. 예를 들어, 장애를 가진 사람이라도, 특정 영역의 지능이 우수할 수 있다는 것이다.

　즉 학생들로 하여금 자신이 지닌 강점에 집중할 수 있도록 해 주는 것이 목표이다. 본 도서에서는 인터넷 간이 검사(https://multiiqtest.com/)를 추천하지만, 지학사 티솔루션 등에서도 자료로 제공하고 있으니 학교 상황에 맞게 진행할 수 있다.

검사 문항은 총 56개로 초등학교 고학년 기준으로 10~15분 정도 소요되며, 검사 결과가 우측처럼 제공되어 자신이 가진 강점을 확인할 수 있다.

검사 결과를 받아 본 학생들은 '논리·수학적 지능은 조금 낮아서 수학 풀기 어려웠나 보다! 대신 음악적 지능이 높다.'거나 '책 읽는 걸 좋아해서 언어 지능이 높게 나왔다.'라며 스스로의 강점을 내세웠다. 앞서도 언급했지만 특정 사람만 특정 영역이 뛰어난 것이 아니라, 모든 사람에게는 저마다의 강점이 있다는 것을 알게 하는 것이 목표인 수업임을 주지하자.

14~15차시: 아무튼 직업 탐색하기 - 활동지 ⑤

수업 열기	▶ 나의 MBTI, 다중 지능 떠올리기 ▶ 나의 추천 직업 떠올리기
수업 흐름	▶ 직업인의 하루는 어떨까 상상하기 ▶ Youtube에서 직업인의 하루를 검색하여 감상하기 ▶ 직업인이 세상에 주는 도움 생각하기
수업 마무리	▶ 느낀 점 나누기

이전 8~13차시에서 나의 흥미 유형, MBTI, 다중 지능을 확인하고 그에 따른 추천 직업을 탐구해 보았다. 여러 결과에서 겹치는 특정 직업이 있을 수 있고, 그렇지 않을 수도 있다. 하지만 학생들마다 흥미, 성격 유형, 강점 등을 인식한 뒤이기 때문에 관심 있는 직업을 1~2개 정도는 선정할 수 있을 것이다.

이번 차시에서는 Youtube 플랫폼을 활용하여 직업인의 하루를 경험해 본다. MBC 예능 중 하나인 '아무튼 출근'에서 착안한 활동으로 원하는 직업을 선택하여 직업별 영상을 시청하는 것이다. 한 영상당 15분 내외로 직업인이 구체적으로 어떤 업무를 진행하는지를 담고 있기에 진로 체험용으로 적합하다. Youtube 검색어는 '아무튼 직업+직업명'으로 조합할 수 있도록 알려 준다.

[아무튼 출근] 고학년이 그냥 커피라면, 1학년은 TOP야... 🍵 요즘 선생님의 클라쓰 👐 ㅣ #초등교사 #김한이 #엠뚜루마뚜루 MBC210518방송
조회수 262만회 · 3년 전
엠뚜루마뚜루 - MBC 공식 종합 채널
[아무튼 출근] 화요일 밤 9시 방송! MBC의 따끈따끈한 영상을 내 맘대로 편하게 즐기는 채널 엠뚜루마뚜루 구독

[아무튼 출근] 전국의 민초단 솔깃🌿 라면맛을 책임지는 수프 주술사 이강희의 밥벌이 하루 ㅣ #라면수프연구원 #이강희 #엠뚜루마뚜루 MBC210622방송
조회수 67만회 · 3년 전
엠뚜루마뚜루 - MBC 공식 종합 채널
[아무튼 출근] 화요일 밤 9시 방송! MBC의 따끈따끈한 영상을 내 맘대로 편하게 즐기는 채널 엠뚜루마뚜루 구독

　　Youtube처럼 영상 매체를 활용할 때에는 학생들이 활동 초점을 맞출 수 있도록 활동지를 제공할 필요가 있다. 내가 관심을 갖는 직업의 하루를 살펴보되, 그 직업이 주는 도움에 초점을 맞출 수 있도록 활동지를 구성했다.

관심 있는 직업:	관심 있는 직업:
세상에 주는 도움	세상에 주는 도움

　　학생들의 활동지를 보면 직업인의 하루를 그저 흥미 위주로 시청한 것이 아니라, 직업의 유용성과 필요성을 느낀 것을 알 수 있다. 좌측 활동지는 감자연구소 연구원이 주는 도움을 탐색한 것이고, 우측 활동지는 성우가 주는 도움을 알아본 것이다.

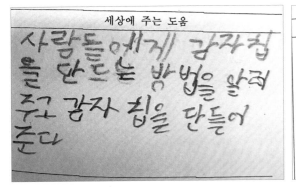

16차시: 미래 직업 일기 쓰기 - 활동지 ⑥

수업 열기	▶ 내가 가지고 싶은 최종 직업 떠올리기
수업 흐름	▶ 직업을 가진 나의 미래 하루 상상하기 ▶ 아침, 점심, 저녁에 무엇을 할지 상상하기 ▶ 일기로 표현하기
수업 마무리	▶ 느낀 점 나누기

이제 지금껏 탐색한 진로 흥미, 직업 등을 담아 나의 미래를 표현해 볼 차례다. 미래 직업인이 된 나의 하루를 상상하여 일기로 작성할 것이다. 학생들은 여러 검사를 통해 자신에 대해 탐구하고, 추천 직업을 받아보았으며, 자신이 흥미를 가지는 직업인의 하루를 탐색했다. 따라서 어렵지 않게 일기로 표현할 수 있을 것이다. 다만 일기 형식이므로 아침-점심-저녁의 일을 순차적으로 쓸 수 있게 알려 주면 더욱 좋다.

차례대로 성우와 댄서를 미래 직업으로 삼은 학생들의 일기 산출물이다.

♣ 이 직업을 고른 나의 미래 모습을 상상하여 간단하게 일기를 써 봅시다.

오늘 아침 바로 캐릭터를 녹음해야해서 아침도 못먹고 외출했다. 너무 피곤했지만 오늘 캐릭터 목소리가 톤이 높아서 피곤함을 버리고 출근 장소로 갔다. 점심 때 점심을 먹고 바로 녹음을 했다. 배부르게 먹고하니 기분이 좋아서 톤이 잘 올라갔다.
저녁 때는 저녁을 먹고 캐릭터 목소리를 어떻게 하는지 유튜브로 찾아보고 내일도 스케줄이 많아서 일찍 잤다.

♣ 이 직업을 고른 나의 미래 모습을 상상하여 간단하게 일기를 써 봅시다.

아침에 일어나 샐러드를 먹었다. 다 먹고 체력훈련과 운동을 한다. 신곡이 나와서 신곡 노래를 듣고 춤을 외우기로 결심했다. 이제 점심이 되서 또 샐러드를 먹었다. 그리고 연습실로 갔다. 몸을 풀고 신곡(아직 발매하지X)에 안무를 짰다. 저녁 넘어서 까지 연습을 하고 집으로 왔다. 배고파서 샐러드를 먹었다. 너무 졸려서 일찍 잤다. 끝~

<창작물 만들기> 나의 미래 표현하기

17~18차시: 비전 명함 제작하기

수업 열기	▶ 나의 비전(Vision) 떠올리기
수업 흐름	▶ 내가 이루고 싶은 모습과 직업을 함께 표현하기 ▶ 비전 명함 제작하기
수업 마무리	▶ 비전 명함 공유하기

이번 17~27차시는 진로 탐색, 흥미 유형 파악, 강점 확인 등의 결과를 기반으로 자신의 진로를 표현해 보는 것이 목적이다. 따라서 활동 순서가 바뀌어도 무방하다.

책 속에서도, 3차시의 활동에서도 학생들은 자신의 미래를 '~하는 사람'으로 비전(Vision)을 담아 표현했다. 이제 여기에 본인이 이루고 싶은 직업을 함께 나타내어 보자. 이 비전(Vision)은 차시를 거치며 수정되거나 정교화되기도 할 것이다.

비전 명함을 나타내는 방법 역시 학교나 학급 상황에 맞게 선택하자. 도화지에 색연필로 표현해도 좋고, 미리캔버스나 캔바와 같은 교육용 디자인 플랫폼을 사용해도 좋다. 본 도서에서는 캔바를 활용하였다. 미리 교사가 교육용 인증(재직 증명서 등을 제출)을 받아 두면 학생들이 손쉽게 활용 가능하다.

학생들의 결과물을 보면 각자 자신이 되고 싶은 모습인 비전과 함께, 직업을 함께 작성한 것을 볼 수 있다. 그냥 모델이 아니라 연습을 열심히 하는 모델을 꿈꾸고, 그냥 아이돌이 아니라 모두를 존중하는 아이돌이 되고 싶은 학생들을 길러내는 것이 진정한 진로 가치관을 담는 수업의 방향이 아닐까?

19~20차시: 직업 로고 디자인하기

수업 열기	▶ 기업 로고 살펴보기
수업 흐름	▶ 로고가 가져야 하는 특징 이해하기 ▶ 내 직업을 나타내는 로고 디자인하기
수업 마무리	▶ 로고 공유하기

19~20차시에서는 나의 상징을 담아 로고를 제작할 것이다. 로고는 기업, 단체, 개인 등이 홍보나 광고를 위하여 사용하는 상징적인 디자인을 말한다. 우리가 알고 있는 기업들도 로고를 가지고 있으며, 수업의 도입에 학생들에게 익숙한 로고를 먼저 보여 주면 어렵지 않게 이해할 수 있다.

로고는 간략하면서도 눈에 잘 띄어야 하며, 함축적으로 표현해야 한다. 이번 로고 디자인을 위해서는 생성형 AI 플랫폼 'logo ai(https://www.logoai.com/)'의 도움을 받을 것이다. 생성형 AI는 현재 초등학교에서는 '교사 주도', '교사 시연 중심'으로 사용할 것을 권하고 있다. 다만, 교사의 작업을 통해 생성형 AI의 산출물의 안정성을 확보할 수 있는 경우 학생의 체험이 가능하다.

로고ai의 경우 산출물의 안정성이 높은 확률로 확보되므로 수업에 활용하기 적합하다. 로고ai를 사용하기 위해서는 로그인이 필요한데, 가장 간단한 방법은 교육용 구글 계정을 사용하는 것이다. 우측 상단에서 로그인 후, 화면 중앙의 [Let's make a logo]를 누르면 된다.

로그인을 한 뒤부터는 비교적 쉽게 AI 산출물을 생성할 수 있다. 먼저 [Logo Name]은 필수 입력이며 영어만 디자인이 가능하다. 따라서 본 도서에서는 학생들의 이름 이니셜을 활용할 것을 추천한다.

이후 과정 역시 어렵지 않다. 원하는 산업의 종류와 색감과 폰트를 순서대로 선택하자. 그러면 단숨에 다양한 로고가 생성된다.

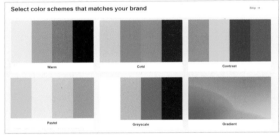

그중 마음에 드는 것을 골라 [Edit]를 눌러 정밀하게 수정할 수도 있다. 로고의 폰트, 위치, 색감 등도 학생들이 원하는 대로 수정 가능하다. 수정 후 [Save]를 누르면 [Share]로 바뀌어 링크로 공유할 수 있게 된다.

학생들의 작품을 살펴보자. 자신이 원하는 직업이나 만들고 싶은 가게를 나타내어 로고를 제작한 것을 알 수 있다. 로고ai의 도움으로 제작한 로고를 참고하여 손으로 디자인을 나타내는 수업 방식 역시 가능하다.

21~22차시: 직업 굿즈 만들기

수업 열기	▶ 아이돌 굿즈 살펴보기
수업 흐름	▶ 굿즈 디자인하기 ▶ 나만의 굿즈 제작하기
수업 마무리	▶ 굿즈 공유하기

굿즈(Goods)는 물품이나 상품을 의미하는 영단어지만, 일반적으로는 연예인이나 애니메이션 등에서 파생된 기념품을 말한다. 학생들에게 도입할 때는 아이돌 굿즈를 예를 들어 주면 좋다. 이번 수업에서는 흥미 유형이나 진로 유형, MBTI, 혈액형 등, 자신을 상징하는 것을 제작하면 굿즈가 된다.

굿즈 제작 방법 역시 학교 상황에 맞게 선택하자. 먼저 온라인 디자인을 진행한다면 '마플샵(https://marpple.shop/kr/bdemgmr)' 등에서 제작 주문할 수도 있다. 키링이나 마스킹 테이프, 노트 등으로 제작하여 학급에서 함께 사용하면 소속감을 불러일으키기에도 좋다.

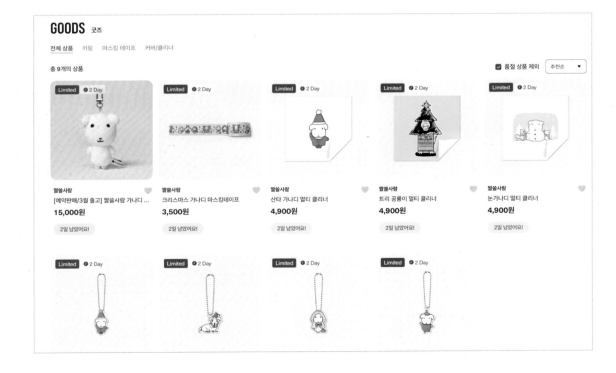

온라인 제작이 번거롭다면 직접 제작해도 재미있다. 그립톡이나 3D펜, 슈링클스 등의 다양한 방법을 자유롭게 활용해 보자.

23~25차시: 장점 브랜딩하기, 장점 브랜딩 포스터 만들기

수업 열기	▶ 셀프 브랜딩이란?
수업 흐름	▶ 칭찬 바구니에 칭찬 모으기 ▶ 나의 강점을 홍보하는 포스터 제작하기
수업 마무리	▶ 포스터 공유하기

브랜딩(Branding)은 사전적으로 '이미지를 부여하다.'라는 뜻을 가진 단어로, 통상적으로는 고객의 마음을 사로잡는 이미지를 만들어 나간다는 의미로 사용된다. 어떤 기업을 떠올렸을 때 혁신이라는 단어가 떠오르도록 구축해 나가는 과정을 말한다.

우리는 각자의 강점을 브랜딩해 볼 것이다. 남과 다른 강점을 정교화하기 위한 칭찬 바구니 활동을 선행했다. 바구니를 인쇄하여 주고, 친구들이 생각하는 나의 장점을 모아 보는 것이다.

예를 들어, '그림을 잘 그린다.', '키가 크다.'라는 칭찬을 받았다고 가정해 보자. 키가 크다는 것은 강점보다는 신체적인 부분이라고 볼 수도 있겠지만, 신체를 직업적 강점으로 전략화할 수도 있지 않을까? 이렇게 친구들과 교류하며 내가 생각하지 못했던 나의 강점을 바라볼 수 있게 된다.

이후 스스로 차별화하여 내세우고 싶은 강점을 1~2가지 정하도록 한다. 앞 차시에서 다중 지능 검사로 찾은 강점을 활용해도 좋고, 스스로 알고 있는 장점, 친구들이 칭찬해 준 내용을 사용해도 좋다. 이후 포스터로 제작해 볼 것이다. 강점과 직업을 함께 어우러지게 표현하여 나를 내세우고 이미지를 구축하는 것이 목표이다. 포스터 제작은 학급 상황에 맞게 진행하면 된다. 본 도서에서는 디지털 포스터로 제작하였으며 교육용 디자인 플랫폼 캔바를 활용하였다.

친구들의 이야기를 잘 들어 준다는 장점과 장래 희망인 상담사를 잘 연결하여 나타낸 포스터이다. 필자는 수업을 진행하며 학생들의 자기 이해도와 만족감이 향상된 것을 느낄 수 있었다. 남과 비교하지 않고 스스로에 집중할 수 있는 시간을 제공하는 것이, 진로 수업의 올바른 방향이 아닐까?

26~28차시: 직업 브이로그 만들기 - 활동지 ⑦

수업 열기	▶ 브이로그란?
수업 흐름	▶ 내 직업 브이로그를 만든다면 어떤 하루가 담길까? ▶ 스토리보드 작성하기 ▶ 브이로그 영상 만들기
수업 마무리	▶ 브이로그 공유하기

브이로그(vlog)는 비디오 블로그(video blog)의 약어로, 비디오의 형식으로 공유되는 일상 기록을 말한다. 유튜브 플랫폼에 '직업 브이로그'라고 검색하면 수많은 영상을 확인할 수 있다.

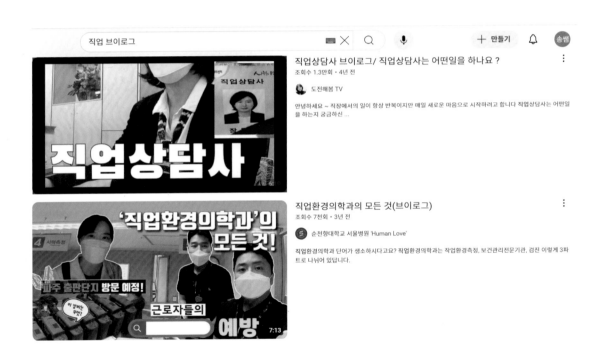

하지만 유튜브에 업로드된 영상은 교육적으로 제작된 것은 아니기 때문에 영상 자체를 수업에 활용하지 않을 것이다. 월수입 금액, 퇴사 등의 자극적인 문구를 넣은 경우도 있기 때문이다.

학생들이 직업을 가진 하루를 어떻게 상상하고 있을지, 영상 제작 전 간단하게 스토리보드를 작성해 보자. 장면의 숫자는 자유롭게 조절할 수 있다.

브이로그 썸네일 제목	
( )	
장면 1 ( )	장면 2 ( )
(구체적인 장면 설명)	(구체적인 장면 설명)
자막:	자막:
장면 3 ( )	장면 4 ( )
(구체적인 장면 설명)	(구체적인 장면 설명)
자막:	자막:

하지만 학생들이 직업을 가지지 않은 현 상태에서, 브이로그 영상을 촬영하는 것은 한계가 있다. 우리는 생성형 AI 기능이 탑재된 브루(Vrew)를 활용하여 영상을 제작할 것이다. 브루는 한글로 된 프롬프트를 제공하고 있어 수업에 활용하기 좋으나, 14세 미만의 아동의 경우 보호자 동의를 미리 받아야 한다. 또 브루는 PC로 진행해야 하며, 미리 회원 가입이 선행되어야 한다는 번거로움이 있다. 하지만 그만큼 활용성이 뛰어나기 때문에 학교급별 상황에 맞게 선택할 것을 권한다. 동영상 제작 플랫폼을 사용하기 어렵다면 글쓰기, 만화 그리기 등으로 대체 가능하다.

먼저 브루(https://vrew.ai/ko/)에 접속하여 프로그램을 다운로드한다. 다운로드한 프로그램을 설치하고 나면 회원 가입을 해야 한다. 회원 가입 시 인증이 가능한 메일 주소를 입력해야 하는데, 교육용 구글 계정이 있다면 간편하게 가입 가능하다.

[새로 만들기] 메뉴에서 [텍스트로 비디오 만들기]를 클릭한다. 원하는 영상에 대해 텍스트로 입력하면, 생성형 AI가 제작해 주는 기능이다.

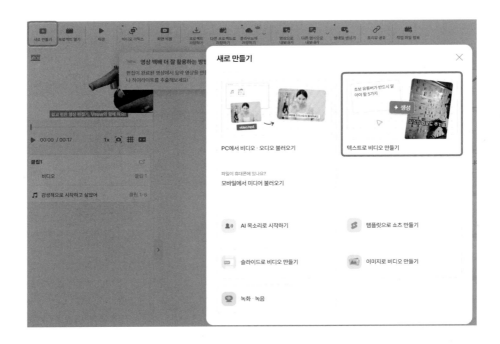

이제 화면 비율과 비디오 스타일을 정할 차례이다. 브이로그에 걸맞게 [유튜브], [캐주얼한 정보 전달 영상 스타일(반말)]을 선택했다. 물론 다양성을 위하여 학생들이 원하는 대로 선택할 수 있도록 해 주자.

이제 학생들이 대본을 작성할 차례다. 물론 생성형 AI 기능이 탑재되어 있지만, 자신의 미래를 상상하고 직업 브이로그로 구현하는 것이 활동 목표이기 때문에 학생들이 직접 대본을 작성할 수 있도록 지도한다. 오른쪽 메뉴에서는 목소리와 배경음악 등을 설정할 수 있다. 기본값으로만 진행해도 꽤 그럴싸한 영상이 제작된다. 영상이 제작되고 나면 화면의 오른쪽 부분에서 부분별로 수정하는 것도 가능하다.

다 만들어진 영상은 화면 우측 상단에서 공유할 수 있다. 영상 파일로 저장하는 것이 가장 대표적이지만, 링크로 영상을 공유하는 프리뷰도 가능하니, 학급 상황에 맞게 활용해 보자.

1장
2장
3장
4장
5장
4장. 열두 살, 나의 진로

<이야기 바꾸어 쓰기> 나의 미래, 우리의 미래

29~30차시: 직업 박람회 개최하기

수업 열기	▶ 학교자율시간 프로젝트 전반 돌아보기
수업 흐름	▶ 소개하고 싶은 직업 포스터 만들기 ▶ 직업 체험 준비하기 ▶ 직업 박람회 개최하기
수업 마무리	▶ 느낀 점 나누기

이제 학교자율시간의 마무리 단계로, 학생들의 산출물이나 프로젝트 내용을 공유하는 시간이다. 먼저 학교자율시간을 통해 배운 스스로에 대한 이해, 강점 인식, 진로 유형 등을 기반으로 최종 장래 희망을 선택한다. 물론 이 장래 희망은 활동을 위한 것으로, 학생들이 성장해 가며 흥미나 관심 등이 변경될 수 있음을 알려 주자. 아직 최종 직업을 선택하지 못한 학생들에게는 가장 관심 있는 직업을 고르게끔 지도하면 된다.

소개하고 싶은 직업의 포스터를 제작하고, 서로의 직업을 체험해 볼 간단한 활동을 구성해 주어도 재미있다. 물론 직업 체험을 진행하기 위해서는 준비물이 필요하기 때문에 학교

예산 상황에 맞게 선택하자. 더 나아가 학교 자체의 진로 주간이나 진로 체험 부스 등과 연계하는 것도 좋다. 학급 자체에서 프로그래머 체험으로 준비한 부스와 학교 진로 행사에서 쇼콜라티에 체험을 한 사진을 참고하자.

직업 박람회는 학교급별 상황에 맞게 운영할 것을 권한다. 만약 직업 체험 준비가 어렵다면, 지금까지 학생들이 만든 명함, 로고, 브이로그 영상 등의 산출물을 전시하고 발표하는 방식도 가능하다.

31~32차시: 나의 진로 이야기 표현하기, 발표 및 공유하기 – 활동지 ⑧ [평가]

수업 열기	▶ 학교자율시간 프로젝트 전반 돌아보기
수업 흐름	▶ 나의 진로 이야기 표현하기 ▶ 발표하기
수업 마무리	▶ 느낀 점 나누기

노벨 엔지니어링의 꽃, 이야기 바꾸어 쓰기 단계이다. 진로를 주제로 노벨 엔지니어링을 진행할 때는 책 속 문제를 해결한다는 관점보다 나의 진로 이야기를 표현한다는 것에 초점을 맞추면 된다. 특히 학교자율시간 전반에서 미래 직업 일기와 직업 브이로그를 제작한 과정까지도 담아낼 수 있을 것이다.

진로 이야기를 쓸 때에는 자신의 흥미, 적성, 강점, 진로 유형 등을 바탕으로 표현할 수 있도록 지도한다. 그 직업을 가지게 된 과정, 직업인으로서 가장 중점을 두고 있는 것, 제일 뿌듯했던 에피소드, 직업인으로서 이루고 싶은 최종 목표 등의 구체적인 이야기 예시를 들어주자. 단순히 하루를 표현하는 일기보다 더 심층적인 이야기가 나올 것이다.

최종 직업 선정하기	
1. 이야기로 표현할 최종 직업을 선택합니다.	2. 이야기에 담고 싶은 내용에 동그라미 치세요. - 나의 흥미, 적성, 강점 - 직업을 가지려고 노력한 과정 - 제일 뿌듯했던 에피소드 상상하기 - 직업인으로서 이루고 싶은 최종 목표 - 기타:

진로 이야기 표현하기

진로 이야기를 쓴 후 서로 발표하고 공유하는 시간을 가지면 학생들의 진로 가치관에 빛을 더해 줄 수 있다. '진로'라는 학습 주제는 학생들의 삶과 매우 밀접하다. 이를 노벨 엔지니어링 프로젝트로 진행하며 책 속 인물의 진로에서 나의 진로로 주제를 전이시킬 수 있었다. 더 나아가, 어떤 직업을 갖든 비전을 세우고 강점을 내세우며 스스로를 사랑할 수 있도록 진로 탄력성을 고취하는 시간이었기를 기대한다.

[평가]

성취기준	평가 요소	평가 방법	평가 기준		평가 시기
[5국노벨진로-03] 자신의 진로를 담아 다양하게 표현하고, 문학과 자신의 삶을 연관지어 내면화한다.	나의 진로 이야기 쓰기	[창의성 계발 수업] 자신의 진로를 다양하게 표현함. 문학 작품 속 인물이나 상황을 자신의 경험과 연결함. [프로젝트]	매우 잘함	자신의 진로를 창의적으로 표현하며, 작품 속 인물의 가치관을 탐색하고 자신을 연결하여 이해할 수 있다.	11월
			잘함	자신의 진로를 구체적으로 표현할 수 있으며, 작품 속 인물과 자신을 연결하여 이해할 수 있다.	
			보통	자신의 진로를 표현할 수 있으며 문학 작품과 자신을 일부 연결할 수 있다.	
			노력 요함	자신의 진로를 표현하기 어려워하며, 문학 작품과 자신을 연결하는 데에 어려움이 있다.	

1) Savickas, M. L., Nota, L., Rossier, J., Dauwalder, J. P., Duarte, M. E., Guichard, J., ... & Van Vianen, A. E. (2009). Life designing: A paradigm for career construction in the 21st century. Journal of vocational behavior, 75(3), 239-250.

2) 정효정, 전은화, & 서응교. (2019). 진로 구성 이론에 기반을 둔 진로 교육 MOOC 강좌 개발·운영 사례 연구. 디지털콘텐츠학회논문지, 20(11), 2147-2157.

3) 교육부(2023). 학생의 자기주도적 진로 개발 역량 강화를 위한 2023년 진로 교육 내실화 지원 계획(안)

4) Savickas, M. L. (2011). Constructing careers: Actor, agent, and author. Journal of Employment Counseling, 48(4), 179-181.

5) 강혜정, & 임은미. (2020). 대학생의 구성주의 진로 집단 상담 프로그램 참가 경험. 학습자중심교과교육연구, 20(13), 799-821.

6) 송해남, 김태령, 서정원, 강소아(2021). 독서와 함께하는 STEAM 교육, 노벨 엔지니어링. 프리렉.

7) https://www.jobkorea.co.kr/goodjob/tip/view?News_No=18406

5장

SW·AI와 함께 떠나는 디지털 여행

[활동의 개관]

활동 교과	실과	적용 학년	6학년
적용 학기	1학기	적용 시간	32
사용 교재	☐ 기존 개발 도서(시중 유통 도서) ■ 교과서 없이 교수·학습 자료 활용		

[활동의 설계]

1. 활동명: SW·AI와 함께 떠나는 디지털 여행

2. 활동 개설의 필요성 및 목표

Wing은 컴퓨팅 사고력이 읽기, 쓰기, 셈하기와 마찬가지로 21세기를 살아가는 모든 사람들이 갖추어야 할 기본 사고 능력이라고 하였다. 컴퓨팅 사고력을 컴퓨팅의 기본 개념과 원리에 기반을 두고 문제를 해결하고 시스템을 설계하고, 인간의 행동 양식을 이해하고자 하는 접근 방법이라고 한 것이다(Wing, 2006).[1]

2015 개정 교육과정의 실과 교과에서는 기술의 투입-과정-산출-되먹임 시스템을 기반으로 'SW 교육'과 관련된 내용을 17차시 구성하였다. 교과 내용은 소프트웨어가 생활 속에 미치는 영향, 절차적 사고에 의한 문제 해결 등을 생각하며 블록 기반 프로그래밍 언어를 통해 기초적인 프로그래밍을 체험하고 생활 속 다양한 문제를 해결하도록 하고 있다(교육부, 2015).[2] 이러한 내용을 바탕으로 교육과정 내 SW 교육을 통해 컴퓨팅 사고력을 함양할 수 있게 하였다.

SW 교육뿐만 아니라 오늘날 인공지능이 사람들의 생활 속에 많은 영향을 미치고 중요성이 커짐에 따라 인공지능 교육도 매우 강조되고 있다. 미국, 유럽, 중국, 일본 등에서도 인공지능 교육을 도입하고 있으며, 우리나라 역시 과학기술정보통신부와 교육부에서 2020년도 인공지능 교육에 관한 정책을 발표하였다.

인공지능 교육은 인공지능의 기본 개념과 원리를 이해하고, 이를 효과적으로 활용하는 능력을 포함한다. 또 인공지능이 인간 사회에 선하게 기여하도록 하는 태도를 함양하여 창의적이고 합리적으로 문제를 해결하는 데 필요한 인공지능 소양을 기르는 것으로 정의하였다(한선관, 2020).[3]

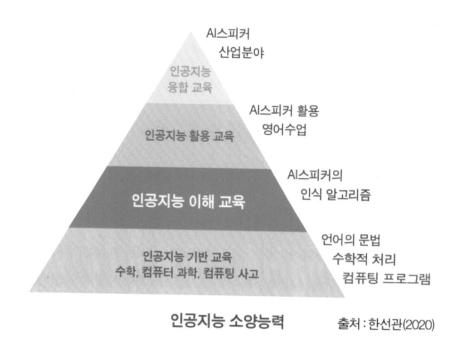

인공지능 소양능력   출처 : 한선관(2020)

이러한 교육의 흐름에 맞게 2022 개정 교육과정 실과 교과 내에 '디지털 사회와 인공지능'이라는 새로운 영역(17차시)을 명시하여 SW 교육과 인공지능 교육의 중요성을 강조하고 있다. 하지만 지금까지 언급한 SW 교육과 AI 교육을 학교 현장에서 실천하기에는 할당된 시수가 매우 부족한 것이 현실이며, 이러한 문제를 해결하기 위하여 학교자율시간을 활용할 수 있다. 필요에 따라 학교자율시간 등에서 초등 '정보 교육'을 확대 편성·운영할 때 활용할 수 있게 SW·AI 교육을 위한 성취 기준을 제시하고 있으며, 이에 대한 자세한 해설도 안내하고 있다(교육부, 2022).[4]

책 속에는 인간의 삶이 반영되어 있으며, 내가 경험하지 못한 간접 경험을 할 수 있는 다양한 이야기가 담겨 있다. 이러한 간접 경험을 통해 미래의 삶을 상상할 수 있는 상상력을 자극하며 프로젝트를 시작한다면 단순한 프로그래밍이나 AI 활용을 넘어서 책 속 문제를 해결하고 새로운 미래를 설계할 수 있을 것이다. SW와 AI에 대한 기초적인 지식을 바탕으로 책을 통해 상상한 내용을 표현하고 창작하는 노벨 엔지니어링 활동이 되어야 한다. 이에 본 활동은 SW·AI와 연계한 노벨 엔지니어링을 통해 학생들이 디지털 사회에서 갖추어야 하는 컴퓨팅 사고력, 디지털 기초 소양, 인공지능 소양을 갖추도록 하고자 한다.

[편제]

구분				국가 기준	5~6학년군		
					5학년	6학년	계 (증감)
교과 (군)	공통 교과		국어	408	204	201	405 (-3)
		사회/도덕	사회	272	204	102	204
			도덕		68	34	32	66 (-2)
		수학		272	136	134	270 (-2)
		과학/실과	과학	340	204	102	102	204
			실과		136	68	51	119 (-17)
			학교자율시간		0	32	+32
		체육		204	102	102	204
		예술	음악	272	136	68	68	136
			미술		136	68	68	136
		영어		204	102	102	204
창의적 체험활동(자·동·진)				204	102	94	196 (-8)
소계				2,176	1,088	1,088	2,176

[교수·학습 방향 및 내용 체계]

SW·AI 교육		
핵심 아이디어	▶ 책 속에는 인간의 삶이 반영되어 있으며, 독서는 삶을 탐구하고 미래와 소통하는 행위이다. ▶ 데이터를 학습하여 만든 인공지능 모델은 미래를 예측하고 합리적인 의사 결정을 하는데 도움을 주어 인간 삶에 많은 영향을 미친다. ▶ 컴퓨터와 로봇이 이해할 수 있게 명확한 절차에 따라 프로그래밍을 해야 하며, 프로그래밍을 통해 생활 속 다양한 문제를 주도적으로 해결한다. ▶ 디지털과 인공지능의 윤리적 활용은 사회 갈등을 해결하고 더불어 사는 삶으로 이끈다.		
	지식·이해	과정·기능	가치·태도
	▶ 절차적 사고와 소프트웨어 ▶ 인공지능과 데이터의 이해 ▶ 디지털과 로봇	▶ 프로그래밍하기 ▶ 데이터 표현하기 ▶ 인공지능 모델 만들기 ▶ 미래 모습 상상하기 ▶ 책 속 상황과 실생활 연결하기	▶ 문학을 통한 인간의 삶 연계 ▶ 소프트웨어와 인공지능, 로봇에 대한 관심과 흥미 ▶ 타인과의 공유와 협력 ▶ 디지털과 인공지능 윤리

[기존 교과와의 연계 가능한 내용 요소 추출]

범주	국어	도덕	수학	실과
지식·이해	▶ 일상적 화제나 사회·문화적 화제의 글	▶ 인공지능 로봇과 친구가 될 수 있을까?	▶ 평균 ▶ 띠그래프, 원그래프 ▶ 가능성	▶ 로봇의 개념과 작동 원리 ▶ 컴퓨터에게 명령하는 방법 ▶ 데이터의 종류와 표현 ▶ 생활 속 인공지능
과정·기능	▶ 다양한 글이나 자료 읽기를 통해 문제 해결하기 ▶ 인물, 사건, 배경 파악하기 ▶ 독자를 고려하여 표현하기 ▶ 목적에 맞는 정보 검색하기	▶ 인공지능 로봇과 관계 맺을 때 필요한 윤리적 원칙 점검하기	▶ 탐구 문제를 설정하고 그에 맞는 자료를 수집하기 ▶ 자료를 표나 그래프로 나타내고 해석하기 ▶ 자료의 평균을 구하고 해석하기 ▶ 실생활과 연결하여 사건이 일어날 가능성을 예상하기	▶ 로봇의 동작에 코딩 프로그램 적용하기 ▶ 융합적 사고하기 ▶ 문제를 해결하는 기초적인 프로그래밍하기 ▶ 데이터 간에 공통되는 유형이나 형태 탐색하기 ▶ 인공지능이 만들어지는 과정 체험하기
가치·태도	▶ 읽기에 적극적 참여 ▶ 쓰기에 적극적 참여	▶ 인공지능 로봇과의 바른 관계 형성 의지 함양	▶ 표와 그래프의 편리함 인식 ▶ 자료를 이용한 통계적 문제 해결 과정의 가치 인식 ▶ 가능성에 근거하여 판단하는 태도 ▶ 자료와 가능성 관련 문제 해결에서 비판적으로 사고하는 태도	▶ 로봇에 대한 관심과 흥미 ▶ 프로그래밍을 통해 만든 산출물을 타인과 공유하고 협력하려는 자세 ▶ 생활 속의 여러 가지 데이터가 갖는 의미를 파악하는 자세 ▶ 인공지능이 사회에 미치는 영향을 파악하는 자세

[성취기준]

[6실노벨SW·AI-01] 절차적 사고와 소프트웨어의 기초적인 이해를 바탕으로 생활 속 문제 해결을 위한 프로그래밍을 할 수 있다.

[6실노벨SW·AI-02] 데이터의 특징을 이해하고 인공지능에 활용할 수 있는 다양한 데이터를 탐색하여 인공지능 모델을 만든다.

[6실노벨SW·AI-03] 디지털 전환으로 달라질 미래 모습을 탐색하여 문학 속에서 삶과 연계하는 태도를 갖는다.

[6실노벨SW·AI-04] 인공지능과 데이터의 관계를 이해하고 다양한 문제 해결을 위해 소프트웨어와 인공지능을 올바르게 활용하는 방법에 관심을 가진다.

[6실노벨SW·AI-05] 디지털과 로봇에 대한 이해를 바탕으로 개발한 프로그램을 공유하고 협력하여 발전시키고자 하는 태도를 기른다.

[차시 흐름]

단계	성취기준	차시	수업 주제	세부 활동 내용	비고
책 읽기	[6실노벨SW·AI-03]	1~2	로봇 친구 앤디	《로봇 친구 앤디》 읽기	
		3~4		로봇과 함께하는 삶 상상하기	
문제 인식	[6실노벨SW·AI-04]	5	인공지능 윤리	모럴 머신을 활용한 인공지능 윤리 토론하기	
		6~7		올바르게 인공지능 활용하기	
해결책 설계	[6실노벨SW·AI-01] [6실노벨SW·AI-02]	8	프로그래밍과 인공지능 모델	오토드로우, 퀵드로우로 인공지능 즐기기	
		9~10		AI for oceans를 활용한 데이터의 이해와 시각화	
		11~12		티처블 머신으로 인공지능 모델 만들기	평가
		13~15		순차, 선택, 반복 구조 익히기	
		16~17		변수 활용 간단한 프로그램 만들기	
		18~19		엔트리를 활용한 인공지능 프로그래밍	
		20~21		로봇 코딩하기	
		22~23		인공지능 로봇 코딩하기	
창작물 만들기	[6실노벨SW·AI-01] [6실노벨SW·AI-02]	24	로봇과 함께 하는 인간의 삶	삶에 필요한 인공지능 로봇 상상하기	
		25		나만의 인공지능 로봇 코딩 설계하기	
		26~27		나만의 인공지능 로봇 코딩하기	평가
		28		디버깅 및 발표 준비	
이야기 바꾸어 쓰기	[6실노벨SW·AI-03] [6실노벨SW·AI-05]	29~30	우리가 꿈꾸는 미래 모습	인공지능 로봇 발표회	
		31~32		내가 만든 인공지능 로봇으로 이야기 표현하기	

[차시 설명]

<책 읽기> 로봇 친구 앤디

1~2차시: '로봇 친구 앤디' 읽기 - 활동지 ①

수업 열기	▶ 책 제목과 표지 그림 살펴보기 ▶ 책의 내용 예상하기
수업 흐름	▶ 책 속의 그림 살펴보고 흥미를 느끼는 부분 골라 읽기 ▶ 책을 읽고 인상 깊은 장면 공유하기
수업 마무리	▶ 내용 정리하기

《로봇 친구 앤디》는 어느 날 갑자기 인공지능 로봇 앤디와 친구가 된 강이루의 이야기를 담아낸 작품이다. 앤디는 강이루와 놀이도 하고 함께 학교에 다니며 생활하면서 사람들의 경험을 자연스럽게 학습하게 된다. 인간의 삶을 함께 살아가는 로봇이 바라보고 학습하는 인간의 모습을 통해 우리는 미래에 인공지능 로봇과 어떻게 공존해야 하는지를 고민할 수 있다.

이 책의 내용처럼 사람과 인공지능 로봇이 함께 살아갈 미래의 모습은 우리가 지금 생각하고 있는 것보다 더 빨리 찾아올지 모른다. 책 내용과 연계하여 미래의 모습을 상상해 볼 수 있으며 인공지능 로봇으로 인한 사람들의 삶에 어떤 변화가 있을지 등을 생각하면서 책을 읽는 것이 좋다.

온책읽기의 책으로 선정하여 다른 교과와 연계하여 수업 시간을 활용하거나 아침 활동 시간, 쉬는 시간, 점심시간 등을 활용하여 책을 읽을 수 있다. 하지만 교육과정을 운영하는 데 있어서 책의 모든 내용을 다 읽는 것은 한계가 있다. 이러한 문제를 해결하기 위해 전체적인 이야기를 교사가 소개해 주고 학생들은 강이루와 앤디에게 어떤 일이 생겼을지 생각하며 이야기 목록 중 한 가지를 선택하여 읽는 것이 좋다. 이렇게 활동을 하게 되면 학생들은 자신이 읽지 못한 부분에 대한 내용은 친구들의 발표를 통해 알 수 있으며 후속 활동을 하는 데 도움을 받을 수 있다.

내가 고른 목차: ( )
[내용 요약하기]
[인상 깊은 장면을 그림으로 표현하기]

3~4차시: 로봇과 함께하는 삶 상상하기 - 활동지 ②

수업 열기	▶ 책 내용 떠올리기 ▶ 우리 생활 속 다양한 로봇 찾기
수업 흐름	▶ 인공지능 로봇이 바꿔 줄 우리의 삶 상상하기 ▶ 긍정적인 변화와 부정적인 변화를 생각하기
수업 마무리	▶ 미래 일기 공유하기

내가 상상하는 것을 표현하는 활동은 저학년도 할 수 있는 활동이다. 하지만 상상한 것을 어떻게 표현하는지에 따라 활동이 달라질 수 있으며, 인공지능 로봇이라는 주제와 연관을 지어 미래의 모습을 상상하는 것은 고학년 학생들에게 특히 더 잘 어울릴 수 있다. 미술 교과와 연계하여 표현 활동을 한다면 색연필과 사인펜 등을 활용한 그림 그리기, 디지털 기기를 활용한 그림 그리기, 찰흙을 활용한 만들기, 폐품을 활용한 만들기 등 다양한 방법으로 활동을 운영해 보자.

《로봇 친구 앤디》의 내용을 떠올리며 강이루와 앤디가 함께 살아가는 모습을 떠올린다. 책 속의 모습을 그대로 따라서 표현하는 것이 아니라, 그 내용을 바탕으로 인공지능 로봇이 발전하게 되었을 때 사람들의 삶이 어떻게 변화할 수 있을지 등을 상상해야 한다.

오늘날 우리 생활 속에서 활용하고 있는 다양한 로봇을 조사하거나 로봇을 주제로 한 SF 영화의 모습을 떠올리며 인공지능의 발전으로 인한 긍정적인 변화나 부정적인 변화 등을 영상 자료를 활용하여 학생들에게 제시해 보자. 이러한 활동을 통해 학생들은 인공지능 로봇에 대한 여러 가지 생각을 할 수 있으며 상상력을 자극할 수 있다.

생활 속 '로봇의 진화'/YTN[5]	로봇 관련 영화[6]

학생들의 활동지를 살펴보면 어떤 학생들은 인공지능 로봇으로 인하여 더 편리해진 사람들의 모습에 중점을 두어 일기를 쓴 학생들도 있지만 반대로 인공지능 로봇이 사람들의 일자리를 빼앗거나 사람들을 지배하는 등의 부정적인 모습에 중점을 둔 학생들이 있을 것이다.

이번 차시 활동의 목적은 인공지능 로봇으로 인한 좋은 점만을 부각하는 것이 아니라 이전 차시에서 읽었던 《로봇 친구 앤디》 책의 내용과 연계하여 로봇과 함께하는 삶의 모습을 상상하는 것이 중점이며 학생들의 다양한 미래 일기를 공유해야 한다. 우리가 앞으로 인공지능 로봇을 어떻게 활용해야 할지, 어떤 점은 유의해야 할지 등을 생각해 볼 수 있는 기회를 제공해야 하는 것이다. 아래와 같이 인공지능, 로봇으로 인한 긍정적 또는 부정적 미래를 모두 생각해 볼 수 있도록 하고 조사한 내용을 바탕으로 상상하여 미래 일기를 쓸 수 있게 활동을 연계해 보자.

인공지능, 로봇으로 인한 긍정적인 미래	인공지능, 로봇으로 인한 부정적인 미래

인공지능, 로봇과 함께하는 미래 일기 쓰기

<문제 인식> 인공지능 윤리

5차시: 모럴 머신을 활용한 인공지능 윤리 토론하기 – 활동지 ③

수업 열기	▶ 이상형 월드컵 또는 밸런스 게임 ▶ 윤리적 선택의 상황에서 나의 선택은?
수업 흐름	▶ 트롤리 딜레마 문제 ▶ 모럴 머신 실습하기 ▶ 윤리적 상황 토론하기
수업 마무리	▶ 인공지능은 인간의 윤리적인 선택을 학습함을 이해하기

인공지능은 사람들의 윤리적인 선택을 그대로 학습하고 윤리적인 선택의 상황을 인식하면 학습한 결과를 바탕으로 어떤 행동을 하거나 결과를 출력하게 된다. 하지만 인공지능의 윤리적인 선택이 항상 100% 옳은 결정일 수 없다. 인공지능의 선택은 다양한 인간의 윤리적인 선택을 학습한 결과이다. 그렇기에 우리는 인공지능이 최대한 윤리적인 선택을 하도록 올바르게 학습시킬 책무가 있는 것이다.

오늘날 인공지능의 발전으로 인하여 인간의 조작이 없어도 운전할 수 있는 자율주행 자동차가 개발되고 있다. 자율주행 자동차의 윤리적인 결정에 대한 사회적 인식을 수집하기 위한 플랫폼으로 '모럴 머신'이 대표적이다. 모럴 머신을 활용하여 다양한 상황 속에서 학생들이 어떤 결정을 할 수 있을지 토론하고 그 이유를 이야기하는 과정을 통해 사회적인 인식을 공유해 보자.

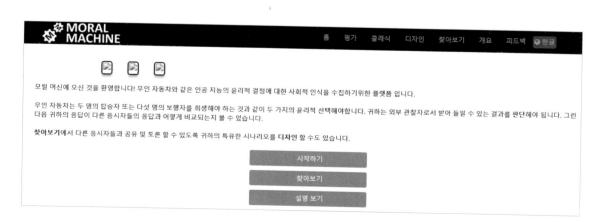

무인 자동차는 어떻게 해야 할까요?

이 경우, 갑작스런 브레이크 고장이 발생한 무인 자동차는 직진하고 앞 차선의 보행자에 충돌합니다. 결과는...
사망:
- 3 노숙자

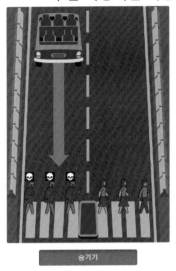

이 경우, 갑작스런 브레이크 고장이 발생한 무인 자동차는 방향을 틀고 다른 차선의 보행자에 충돌합니다. 결과는...
사망:
- 2 여성
- 1 남성

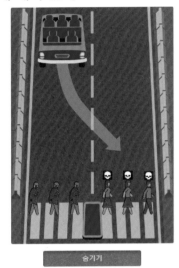

숨기기

숨기기

　왼쪽의 상황은 자율주행 자동차가 브레이크 고장으로 인해 직진을 해서 노숙자 3명이 사망하게 되는 상황이고, 오른쪽은 핸들을 꺾어서 여성 2명과 남성 1명이 사망하게 되는 상황이다. 이러한 상황에서 학생들은 어떤 선택을 할지 정하게 되고, 그 이유에 대해 이야기하며 토론 수업을 할 수 있다. 총 13개의 상황을 모두 다 토론할 수는 없고, 학생들이 실행할 때마다 13개의 상황이 모두 똑같은 상황이 나오는 것이 아니기 때문에 교사의 화면을 함께 보고 전체가 토론에 참여하거나 모둠별로 활동을 진행해도 좋다.

상황	선택	이유

마지막에는 학생들이 선택한 결과를 공유하며 학생들이 가장 많이 살려준 캐릭터와 가장 많이 희생된 캐릭터가 누구인지 결과를 분석해 준다. 또 나의 선택과 다른 사람들의 선택을 비교하면서 윤리적 상황에 대한 사회적 인식을 알 수 있으며, 이 결과를 인공지능이 학습한다면 어떨지 생각해 보는 활동으로 확장할 수 있다. 학생들로 하여금 인공지능 윤리의 중요성을 되새길 수 있는 좋은 기회가 될 것이다.

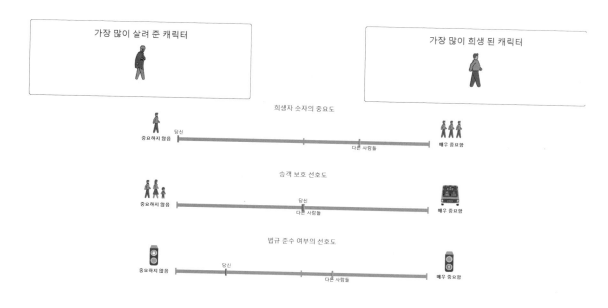

6-7차시: 올바르게 인공지능 활용하기

수업 열기	▶ 3~4차시 내용 떠올리기 ▶ 모럴 머신 토론 내용 떠올리기
수업 흐름	▶ 인공지능의 발전으로 인한 문제 생각하기 ▶ 가짜 뉴스 만들기 ▶ 인공지능을 잘못 활용했을 때 발생할 수 있는 문제 조사하기
수업 마무리	▶ 인공지능을 올바르게 활용할 수 있는 방법 정리하기

앞 차시에서 모럴 머신을 통해 인공지능은 사람의 윤리의식을 그대로 학습한다는 점을 배웠다면, 이번 시간에는 인공지능의 윤리적인 활용에 초점을 맞춘 활동을 진행해 보자.

인공지능 기술이 빠르게 발전함에 따라 사람들의 삶에 편리하게 도움을 주기도 했지만, 반면에 인공지능을 활용한 범죄도 많이 발생하고 있다. 대표적인 예로 '딥페이크' 범죄가 있다. 딥페이크는 인공지능 기술을 활용하여 사람의 얼굴이나 목소리를 합성하는 기술을 의미한다. 예를 들어, A라는 사람이 어떤 영상을 직접 찍지 않더라도 인공지능 기술을 활용하여 A라는 사람이 영상 속에 등장하게 만들 수 있는 것이다. 이렇게 딥페이크로 만들어진 영상 속 A는 진짜 A와 구별하기 어려운 수준까지 그 기술이 발전했다.

최근 유명 연예인의 얼굴을 합성하여 사진을 유포하거나 가짜 뉴스를 만들어서 사람들에게 거짓된 정보를 퍼뜨리는 등의 문제가 많이 발생하고 있다. 또 보이스피싱 범죄 역시, 딥페이크 기술을 활용하는 등 그 수준이 매우 심각하다.

이런 딥페이크 범죄의 심각성을 직접 느낄 수 있도록 firefly.adobe.com에서 가짜 뉴스를 직접 만들어 보고 친구들과 공유해 볼 수 있게 활동을 구성해 보자. 교육용 구글, 마이크로소프트 계정이 있는 경우 간편하게 로그인을 할 수 있다. 만약 로그인이 번거로운 경우에는 인터넷에서 가짜 뉴스를 검색해 보는 활동으로 대체해도 좋다.

'산에서 불이 났다'는 가짜 뉴스를 만들려고 한다면, 먼저 산 이미지를 추가한 후 불이 난 곳을 지워 준다.

이미지를 확장하고 브러시를 사용하여 개체를 제거하거나 새 개체를 칠합니다.

시작하려면 샘플 에셋을 선택하거나 이미지를 업로드하십시오.

또는 여기에 이미지 파일 끌어다 놓기

프롬프트에 화재가 발생했다는 문장을 입력하고 난 후 인공지능이 추천해 주는 이미지로 바꾸면 가짜 뉴스에 사용할 이미지를 완성할 수 있다.

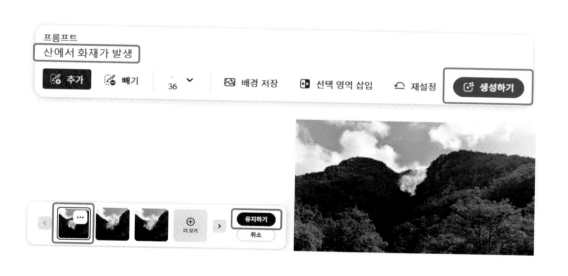

　이 활동을 진행할 때 가짜 이미지를 만들어 내는 것이 단순 오락거리처럼 느껴지지 않도록 유의해야 한다. 누구나 손쉽게 인공지능을 활용하여 가짜 뉴스를 만들고 이미지로 전달할 수 있다는 점에 경각심을 가질 수 있도록 교사가 분위기를 유도할 필요가 있다.

　더불어 딥페이크 범죄 이외에도 인공지능을 잘못 활용했을 때 발생할 수 있는 다양한 문제를 인터넷으로 조사하고 인공지능을 잘못 활용했을 때 우리의 삶은 어떻게 될지 상상해 보아도 좋겠다. 이러한 일련의 과정을 통해 학생들은 올바른 윤리 의식을 가지고 인공지능을 올바르게 활용하고자 하는 마음을 가지게 될 것이다.

\<해결책 설계\> 프로그래밍과 인공지능 모델

8차시: 퀵드로우, 오토드로우로 인공지능 즐기기

수업 열기	▶ 인공지능을 생활 속에서 사용한 경험 이야기하기
수업 흐름	▶ 퀵드로우 사용하기 ▶ 오토드로우를 활용하여 그림 그리기
수업 마무리	▶ 오토드로우 작품 공유하기

인공지능을 올바르게 활용하기 위해서는 인공지능에 대한 이해가 바탕이 되어야 한다. 인공지능과 관련한 자세한 개념을 초등학생들이 이해하는 것은 어려울 수 있지만, 인공지능 모델을 만들고 이 모델을 활용하여 프로그래밍을 하기 위해서 기초적인 개념은 알아야 할 필요가 있다.

퀵드로우(https://quickdraw.withgoogle.com/)와 오토드로우(https://www.autodraw.com/)는 초등학생도 쉽게 활용할 수 있는 플랫폼으로 인공지능과 함께 그림을 그릴 수 있다. 이 과정에서 자연스럽게 인공지능에 대해 흥미와 관심을 느끼게 될 것이다. 후속 차시 활동으로 데이터와 관련한 학습을 할 수 있기 때문에 인공지능과 데이터의 개념에 대한 자세한 설명보다 인공지능을 즐기는 활동 자체에 중점을 두는 것이 좋다.

퀵드로우와 오토드로우는 별도의 회원 가입이 필요 없으며 노트북이나 태블릿PC, 크롬북 등 다양한 디지털 기기에서 활용할 수 있는 웹 기반의 플랫폼이다. 퀵드로우는 제한 시간 내에 제시된 낱말을 그림으로 표현하여 인공지능이 어떤 그림인지 판별하는 것이 핵심이다.

머신 러닝 기술이 학습을 통해 낙서를 인식할 수 있을까요?
여러분의 그림으로 머신 러닝의 학습을 도와주세요. Google은 머신 러닝 연구를 위해 세계 최대의 낙서 데이터 세트를 오픈소스로 공유합니다

시작하기

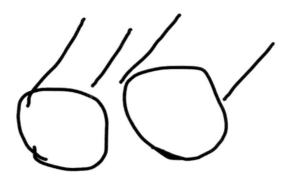

　퀵드로우 활동을 끝내고 난 후 내가 그린 그림을 클릭하면 아래와 같이 다른 사람들은 제시된 낱말을 그림으로 어떻게 표현했는지 볼 수 있다. 이렇게 사람들이 그린 그림 데이터를 바탕으로 인공지능이 학습을 하게 되고 인공지능은 학습한 내용을 바탕으로 사람들이 그린 그림이 무엇인지 맞출 수 있게 되는 것이다.

　퀵드로우에서 사람들이 그렸던 그림들은 모두 데이터가 될 수 있으며, 어떤 데이터를 학습했느냐에 따라 인공지능의 성능이 결정된다.

오토드로우는 사용자가 그린 그림을 인식하여 변경이 가능한 그림 목록을 제공한다. 또, 인공지능을 활용하여 그림을 그리는 것뿐만 아니라 자유롭게 그림을 그릴 수도 있기 때문에 수업 활용도가 좋다. 미술 교과에 디지털 기기를 활용한 그림 그리기 활동이 제시되는 데 이 활동과 연계할 수 있다. 작품을 완성하고 난 후에 어떤 부분을 인공지능 그림을 활용했는지, 무엇을 표현하고자 하였는지 등을 공유하면서 활동을 정리해 보자.

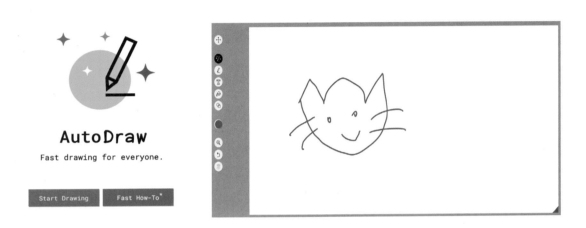

9~10차시: AI for oceans를 활용한 데이터의 이해와 시각화 – 활동지 ④

수업 열기	▶ 퀵드로우와 오토드로우에서 인공지능이 어떻게 내가 그린 그림을 맞출 수 있었는지 생각하기
수업 흐름	▶ AI for oceans 체험하기 ▶ 데이터의 이해와 인공지능 학습 ▶ 데이터 수집 및 시각화, 분석하기
수업 마무리	▶ 인공지능의 학습에 있어서 데이터의 중요성 인식하기

이번 차시는 데이터에 초점을 맞추어 학습할 예정이다. AI for oceans(code.org/oceans)는 웹 기반 플랫폼으로 회원 가입 없이 해양 쓰레기 분류라는 스토리텔링 내에서 쉽고 재미있게 데이터 학습을 할 수 있다는 장점이 있다. 해양 쓰레기를 분류할 수 있는 인공지능을 위해 물고기와 물고기가 아닌 데이터를 학습시키게 되고, 학습이 완료된 후에는 인공지능이 잘 분류하는지 확인할 수 있다. 학생들이 활동을 하면서 정확하게 데이터를 학습시키는 것이 중요함을 알게 하고, 많은 양의 데이터를 학습하는 것이 필요함을 알 수 있게 지도해야 한다.

AI for oceans의 활동을 통해 지도 학습과 비지도 학습에 대해 이해할 수 있다.

지도 학습이란?	비지도 학습이란?
- 정답이 있는 데이터 학습 　물고기와 쓰레기라는 정답이 있는 각각의 클래스에 　물고기와 쓰레기 데이터를 넣어서 학습	- 정답이 없는 데이터 학습 　물고기와 쓰레기의 색깔이나 모양 등 비슷한 특성에 　따라 군집화

인공지능 개념은 수업을 준비하는 교사를 위한 것으로 학생들과 수업을 할 때는 인공지능이 어떻게 학습하는지 그 과정을 체득하는 것에 초점을 맞추자.

인공지능이 데이터를 어떻게 학습하는지 방법을 이해했다면 수학 교과와 연계하여 우리 생활 속 문제를 생각해 보자. 생활 속 데이터를 수집하고 그래프로 나타내어 시각화해 볼 것이다. 인공지능이 해양 쓰레기와 물고기를 지느러미와 입의 유무로 분류한다고 가정해 보자. 인공지능은 해양 쓰레기와 물고기의 이미지 데이터를 통해 입과 지느러미가 있는지 판단할 수 있다. 그 과정을 아래의 그래프로 시각화한다면, 파란색 네모는 물고기, 빨간색 동그라미는 해양 쓰레기로 분류할 수 있게 되는 것이다.

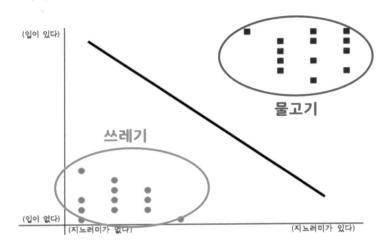

6학년 수학 교과 내용에 원그래프 표현, 그래프 해석과 비교 등의 차시가 구성되어 있다. 학생들이 좋아하는 운동이나 음식 등을 조사하여 표를 만들고 백분율을 계산하여 원그래프로 나타낼 수 있다. 여기에서 학생들이 좋아하는 운동과 과일의 수나 백분율이 데이터가 될 수 있으며, 이 데이터를 시각화한 것이 원그래프이다. 데이터를 바탕으로 '우리 학교 학생들이 가장 좋아하는 과일은 사과이다.'와 같은 결과 분석이 가능하다.

이렇듯 생활 속 데이터를 분류하며 인공지능의 학습에서 가장 중요한 것이 데이터임을 강조해 주어야 한다. AI for oceans에서 인공지능에 학습시켰던 이미지 데이터뿐만 아니라 수학에서의 숫자 데이터도 인공지능이 학습할 수 있는 데이터가 될 수 있다. 인간이 데이터를 수학적으로 계산하여 그래프로 표현하고 시각화하는 것처럼 인공지능도 데이터를 학습하면 수학적으로 계산하고 표현하여 어떤 결과를 분석해 낼 수 있음을 지도해야 한다.

다음의 활동지는 사과와 바나나를 인공지능처럼 데이터를 수치화해서 판단해 볼 수 있는 활동지이다.[7] 사과와 바나나뿐만 아니라 다른 야구공이나 축구공과 같은 다양한 형태로 예시를 만들 수 있다. 사과와 바나나 그림을 보고 분류 기준을 정해서 그래프에 시각화하여 표현해 보자.

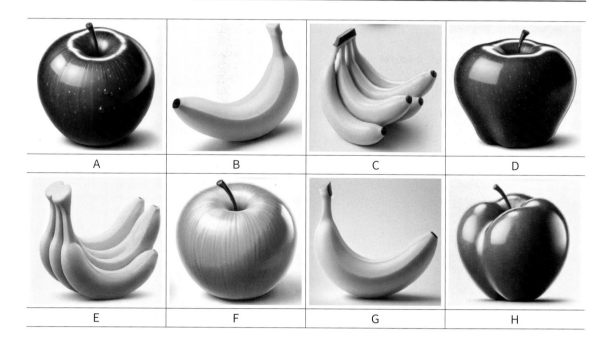

분류 기준:

분류 기준을 가로축과 세로축에 알맞게 쓰고 그래프에 표시해 봅시다.

(   )

(   )   (   )   (   )

학생들은 이번 차시 활동을 통해 인공지능의 학습에 데이터가 중요한 요소이며, 다양한 종류의 데이터가 있음을 이해할 수 있다. 후속 활동으로 인공지능 모델을 만들 때 다양한 데이터를 활용하게 될 텐데 그때 이번 차시를 반드시 상기할 수 있도록 해 보자.

11~12차시: 티처블 머신으로 인공지능 모델 만들기 [평가]

수업 열기	▶ 인공지능과 데이터 관련 학습 내용 복습하기
수업 흐름	▶ 티처블 머신 체험하기 ▶ 이미지 데이터와 포즈 데이터를 사용하여 인공지능 모델 만들기
수업 마무리	▶ 내가 만든 인공지능 모델 공유하기

초등학생 수준에서 데이터를 넣어서 지도 학습의 방법으로 인공지능 모델을 만들 수 있는 대표적인 플랫폼으로 티처블 머신(https://teachablemachine.withgoogle.com/)이 있다. 티처블 머신 역시 앞선 플랫폼들처럼 별도 회원 가입 없이 쉽게 사용 가능하다.

티처블 머신으로 이미지 프로젝트, 오디오 프로젝트, 포즈 프로젝트를 위한 인공지능 모델을 만들 수 있다. 이미지 프로젝트는 이미지 데이터를 활용하고, 오디오 프로젝트는 소리 데이터, 포즈 프로젝트는 동작 데이터를 활용한다. 소리 프로젝트의 경우 학급 공간 내에서는 소리 데이터를 정교하게 녹음하기 어렵기 때문에 추천하지 않는다. 교사가 사전에 소리 데이터 파일을 준비한다면 녹음 대신 업로드하는 방식도 가능하겠다. 초등학교에서 가장 많이 활용하는 것이 카메라를 이용한 이미지, 포즈 프로젝트이다.

친구와 나를 구분해 주는 인공지능을 예시로 만들어 보자. 먼저 클래스의 이름을 정하고 웹캠 버튼을 눌러 데이터를 촬영한다. 이미지 데이터는 10~15장 이상 입력하고 모델 학습시키기 버튼을 누른다. 이미지 데이터가 많을수록 학습 시간이 오래 소요되므로 적당한 양을 입력하도록 사전에 안내하자.

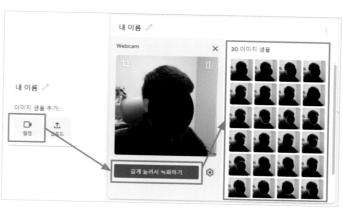

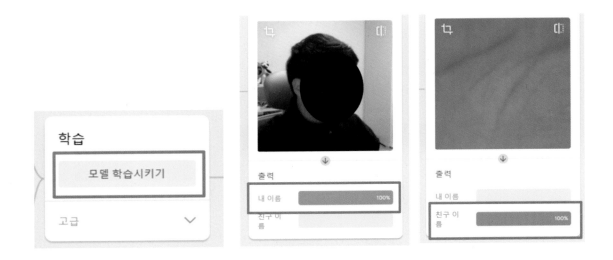

포즈 프로젝트 역시 같은 방법으로 활용 가능하나 혼자서 포즈를 촬영하는 것이 쉽지 않기 때문에 짝 활동을 추천한다. 수업을 진행하는 교사의 선택에 따라 프로젝트를 선택하고 어떤 인공지능 모델을 예시로 함께 만들 수 있을지 고민할 수 있다.

학생과 교사가 함께 첫 모델을 만들며 작동법을 이해했다면 이제 학생들이 필요하다고 생각하는 인공지능 모델을 직접 만들어 볼 차례이다. 인공지능 모델을 만들기 위해 데이터를 입력하고, 학습을 시키고 결과를 확인하는 것은 후속 활동의 인공지능 로봇 프로그래밍 활동과도 연결되기 때문에 관련 내용을 반드시 정확하게 학습할 수 있도록 한다.

학생들은 티처블 머신을 활용하면서 인공지능 모델을 만드는 과정을 체험할 수 있고, 인공지능의 학습에 대한 내용도 이해할 수 있게 된다. 인공지능의 개념적인 부분을 정확하게 이해하는 것보다 인공지능이 학습하는 방법을 체험하고 이해하는 것에 초점을 두자.

[평가]

성취기준	평가 요소	평가 방법	평가 기준		평가 시기
[6실노벨SW·AI-02] 데이터의 특징을 이해하고 인공지능에 활용할 수 있는 다양한 데이터를 탐색하여 인공지능 모델을 만든다.	티처블 머신을 활용하여 인공지능 모델 만들기	[프로젝트 수업] 인공지능 모델을 만들 때 필요한 데이터를 알고 있음. 알맞은 데이터를 활용하여 문제 해결을 위한 인공지능 모델을 만듦. [프로젝트]	매우 잘함	데이터와 인공지능 모델을 만드는 방법을 정확하게 이해하고 알맞은 데이터를 활용하여 인공지능 모델을 만들 수 있다.	6월
			잘함	데이터와 인공지능 모델을 만드는 방법을 정확하게 이해하고 데이터를 활용하여 인공지능 모델을 만들 수 있다.	
			보통	데이터와 인공지능 모델을 만드는 방법을 이해하지만 알맞은 데이터를 활용하여 인공지능 모델을 만드는 데 어려움을 느낀다.	
			노력 요함	데이터와 인공지능 모델을 만드는 방법을 이해하는데 어려움을 느끼고, 데이터를 활용한 인공지능 모델을 만들지 못한다.	

13~15차시: 순차, 선택, 반복 구조 익히기

수업 열기	▶ 친구의 명령에 따라 움직이기 놀이하기
수업 흐름	▶ 엔트리 살펴보기 ▶ 블록 코딩 방법 익히기 ▶ 순차, 선택, 반복 구조를 이해하기
수업 마무리	▶ 순차, 선택, 반복 구조를 활용한 프로그램 공유하기

　2015 개정 교육과정에 따른 6학년 실과 교과서에는 SW 교육을 위한 내용이 17차시로 구성되어 있다. 여러 가지 내용 중에서도 블록 기반 프로그래밍 도구인 엔트리를 활용하여 프로그램을 개발하는 내용이 많은 양을 차지하고 있다.

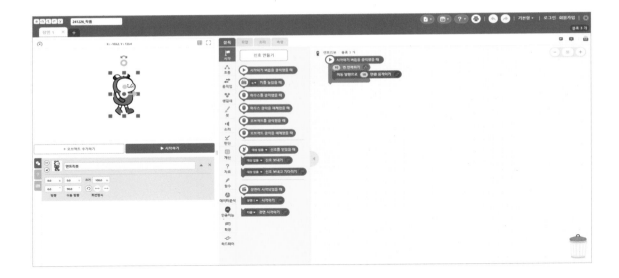

　먼저 엔트리를 살펴보고 블록 코딩을 하는 방법을 익혀야 한다. 엔트리에 관한 내용은 학교별 실과 교과서를 참고하자. 본 도서에서는 프로그래밍 구조에 집중하여 설명할 예정이다.
　순차 구조는 시작부터 끝까지 제시된 순서에 따라 차례대로 일을 처리한다. 순차 구조를 익히기 위해 학생들은 그리기, 움직이기 블록 등을 활용하여 오브젝트가 어떻게 그림을 그리는지 관찰할 수 있다. 또 교사가 오브젝트 실행 화면을 보여 주고 학생들은 똑같이 실행하기 위해 순차 구조로 어떻게 코딩할 수 있을지 고민하고 코딩하는 형태로 활동을 진행해도 좋다.

오브젝트	코딩
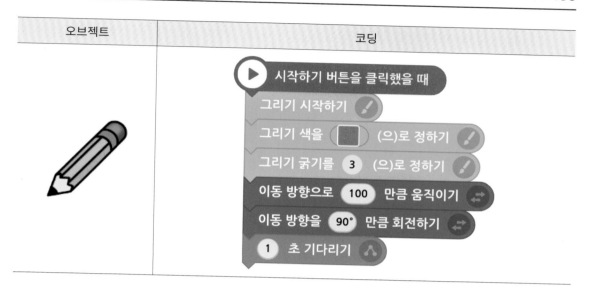	

선택 구조는 조건에 따라 선택해서 일을 처리한다. 예를 들어, 오브젝트를 클릭했을 때 그림을 그리도록 조건을 부여하는 것이다. '만일 ~라면' 또는 '만일 ~라면, 아니면' 블록을 활용할 수 있는데 학생들이 선택 구조를 이해하기 어려운 경우 생활 속 사례를 활용하여 학생들의 이해를 도울 수 있다. 신호등이 있는 횡단보도를 건너는 상황에서 초록불이면 길을 건너고 빨간불이면 멈춰서 기다리는 등의 선택적 상황을 제시해 보자.

오브젝트	코딩
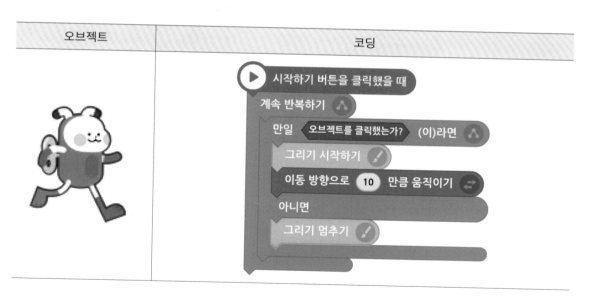	

마지막으로 반복 구조는 주어진 조건을 만족하는 동안이나 만족할 때까지 반복하기 블록 안에 있는 코드를 반복하여 처리한다. 또 '~ 번 반복하기' 블록을 활용하면 순차 구조로 만들어진 긴 블록을 더 간결하게 만들 수 있다. 대표적인 사례로 사각형을 그릴 때 반복되는 부분을 효율적으로 줄여 명령할 수 있다. 학생들은 순차 구조 블록에서 반복하는 패턴을 찾아 반복하기 블록을 활용하여 바꿔 보거나 교사가 완성한 작품을 보여 주고 반복하기 블록을 활용하여 어떻게 코딩할 수 있을지 생각하고 코딩하는 형태로 활동을 진행할 수 있다.

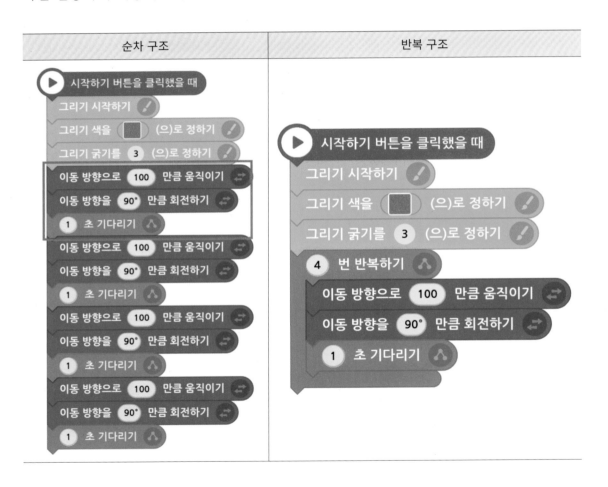

제시한 예시들은 예시일 뿐이며 실과 교과서에 있는 내용을 그대로 따라 하거나 다른 교과와 연계하여 새로운 내용으로 코딩 활동을 구성해 보자. 하지만 무엇보다도 학생들이 코딩으로 어떤 프로그램을 개발하기 위해서 순차, 선택, 반복 구조는 반드시 학습되어야 하며 이 과정에서 코딩하는 방법도 자연스럽게 익힐 수 있다.

16~17차시: 변수 활용 간단한 프로그램 만들기

수업 열기	▶ 순차, 선택, 반복 구조 내용 떠올리기
수업 흐름	▶ 변수 이해하기 ▶ 변수를 활용한 코딩하기 ▶ 간단한 프로그램 개발하기
수업 마무리	▶ 내가 완성한 프로그램 공유하기

변수는 컴퓨터 프로그램에서 필요한 데이터를 저장하는 공간이다. 변수에 새로운 데이터를 저장하면 기존 데이터는 사라지고 새로운 데이터가 저장된다. 변수를 활용하여 입력, 처리, 출력 과정을 표현할 수 있는 프로그램을 개발할 수 있으며, 6학년 실과 교과서에도 이러한 내용을 제시하고 있다.

실과 교과와 연계하여 일상생활 속 입력, 처리, 출력의 예를 찾아보고 변수를 활용한 프로그램을 개발하는 활동이 본 차시의 주된 활동이다. 앞 차시에서 배운 순차, 선택, 반복 구조에 변수를 활용한 간단한 프로그램을 만들 수 있다. 아래 내용은 교과서별로 공통적으로 들어가는 변수 프로그래밍을 제시한 것이다.

학생들과 프로그래밍 수업을 할 때, 교사나 교과서를 그대로 따라 하기보다는 스스로 코딩 순서를 떠올리고 블록을 조립할 수 있도록 해 주어야 한다. 즉 코딩을 따라 하기 수업이 되지 않도록 학습자가 디버깅(코딩이 틀린 부분을 찾는 과정) 할 수 있는 환경을 조성해 주자.

변수를 활용한 나이 계산 프로그램

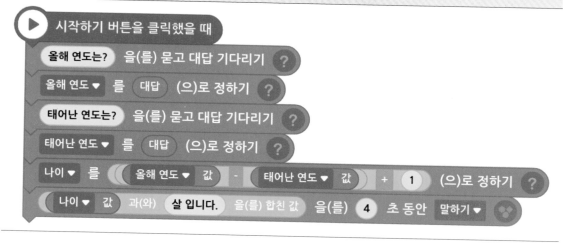

순차, 선택, 반복 구조의 변수 활용 자물쇠 프로그램

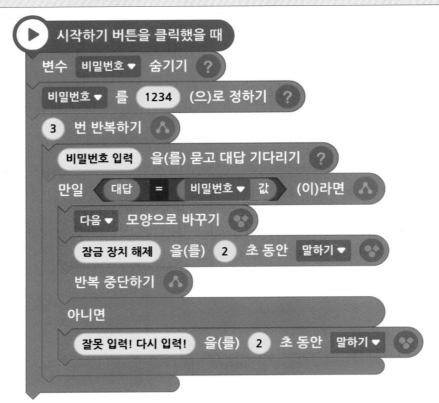

18~19차시: 엔트리를 활용한 인공지능 프로그래밍

수업 열기	▶ 인공지능과 데이터 관련 학습 내용 떠올리기 ▶ 엔트리로 인공지능 프로그램을 만든다면 어떤 프로그램을 개발하고 싶은지 이야기 나누기
수업 흐름	▶ 엔트리 인공지능 블록 살펴보기 ▶ 엔트리의 인공지능 블록을 활용하여 코딩하기 ▶ 엔트리 이미지 분류, 텍스트 분류 모델 만들기 ▶ 인공지능 분류 모델을 활용하여 코딩하기
수업 마무리	▶ 내가 개발한 인공지능 프로그램 발표하기

지금까지 앞에서 배운 흐름을 바탕으로 책 속 AI 로봇 앤디처럼 엔트리 프로그램을 만들어 보자. 엔트리에서는 번역, 읽어 주기, 사람 인식, 사물 인식, 손 인식, 얼굴 인식, 음성 인식 등의 인공지능 블록을 제공하고 있다. 인공지능 블록을 활용한 프로그램을 먼저 소개하면 아래와 같다. 인공지능 블록은 회원 가입 없이도 활용 가능해서 학생들이 쉽고 재미있게 인공지능 코딩을 할 수 있다.

오디오 감지 블록과 번역 블록을 함께 사용한 예시

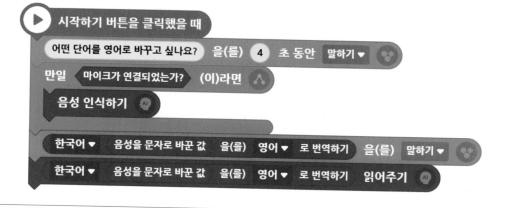

실행 화면	감정 인식 프로그램 코드
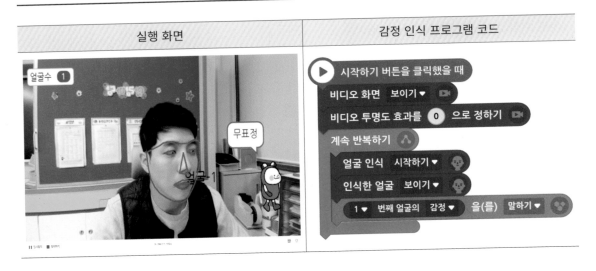	

엔트리에서는 인공지능 블록을 활용한 체험뿐만 아니라 직접 인공지능 모델을 만드는 것도 가능하다. 인공지능 블록 카테고리에서 [인공지능 모델 학습하기]를 클릭하면 분류, 예측, 군집 모델 등을 만들 수 있다. 인공지능 블록만으로 프로그래밍해도 좋지만, 인공지능 모델을 만드는 방법을 이전 차시에서 배웠기 때문에 모델을 활용한 프로그래밍으로 확장하는 방식은 충분히 교육적 효과를 보일 것이다. 초등학교 6학년 수준에서는 티처블 머신과 같은 형태의 지도 학습으로 분류 모델을 만들 수 있는데, 엔트리 모델 학습 중 이미지, 텍스트, 소리 모델 정도를 활용하는 것이 적당하다.

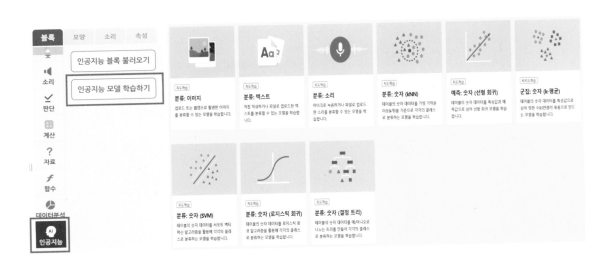

인공지능 모델 학습은 회원 가입이 필요하다. 여러 가지 방법이 있지만, 교사 계정으로 학급을 개설한 후 학생용 아이디를 생성해 주는 방식이 가장 간편하다. 계정 발급은 사전에 준비할 수 있도록 하여 수업 시간을 더 효율적으로 활용할 수 있도록 하자.

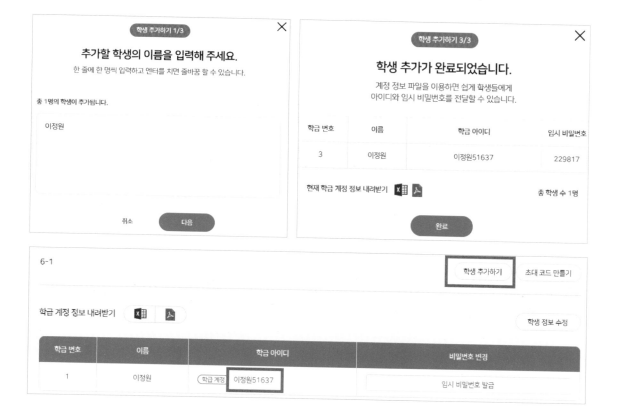

사람이 마스크를 착용했는지 여부를 확인하기 위한 인공지능 모델을 만들어 보자. 아래 사진처럼 마스크 착용 여부를 판단하는 클래스를 만들어서 데이터를 학습시키면 '분류: 이미지 모델'이라는 새로운 블록이 생긴 것을 확인할 수 있다. 이 블록을 활용하여 마스크를 착용했는지 여부에 따라 선택 구조로 다른 결과를 출력할 수 있게 프로그램을 만들 수 있다.

오브젝트	마스크 착용 여부 판별 프로그램 코딩
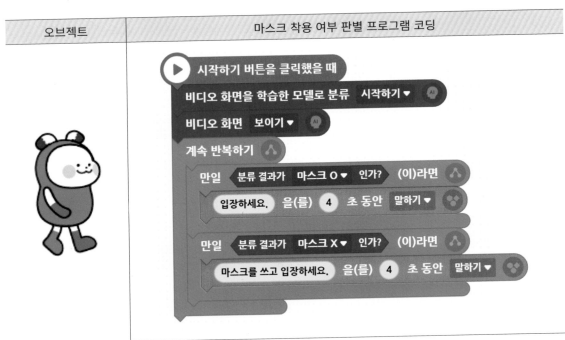	

엔트리에서는 프로그래밍을 무한히 확장할 수 있기에 이 부분에 대한 자료가 필요하다면 소프트웨어야 놀자(https://www.playsw.or.kr/), 유튜브 영상 등을 참고하자. 학생들로 하여금 인공지능 블록을 체험하며 어떤 인공지능 프로그램을 만들고 싶은지 탐구할 수 있도록 해 주어야 한다.

20~21차시: 로봇 코딩하기

수업 열기	▶ 3~4차시 내용 떠올리기 (로봇과 함께하는 삶 상상하기) ▶ 로봇을 어떻게 움직이게 할 수 있을지 생각하기
수업 흐름	▶ 로봇 살펴보기 (햄스터봇, 스파이크 프라임 등) ▶ 센서를 활용한 로봇 코딩하기 ▶ 엔트리를 활용하여 나만의 로봇 코딩하기
수업 마무리	▶ 로봇 코딩을 하면서 새롭게 알게 된 점, 어려웠던 점, 더 알고 싶은 점 정리하기

피지컬 컴퓨팅은 센서를 통해 정보를 입력받고 여러 장치를 움직여 현실로 결과를 출력해 주는, 현실과 컴퓨터의 대화라고 불리는 방식을 말한다.

피지컬 컴퓨팅은 보드형, 모듈형, 로봇형 세 가지로 구분할 수 있다. 보드형의 대표적인 예시로 마이크로비트가 있는데 싸고 확장성이 좋으나 학생들이 직접 연결해야 하는 어려움이 있다. 모듈형은 다양한 형태를 만들 수 있지만 비싸다는 단점이 있다. 가장 대표적인 예시로 스파이크 프라임이 있다. 마지막으로 로봇형은 햄스터봇이 대표적인 로봇으로 완성된 형태의 교구이기 때문에 배우기 쉽고 편하지만 비용이 비싼 편이다.

피지컬 컴퓨팅이 작동하기 위해서는 소프트웨어로 명령을 내려야 하며, 이때 작동시키는 프로그래밍 도구도 각각 다르다. 엔트리를 많이 한 학급이라면 엔트리에 연결되는 피지컬 컴퓨팅 교구를 활용하는 것이 좋을 것이다. 본 도서에서는 엔트리로 코딩을 할 수 있는 완성형 로봇인 햄스터봇과 자체 앱을 활용하여 코딩하는 모듈형인 스파이크 프라임 사례를 제시하고자 한다.

보드형보다 로봇형 교구가 초등학교에서 활용하기에는 더 쉽다는 점, 학생들이 흥미를 느끼고 재미있게 수업에 참여했던 점을 이유로 햄스터봇과 스파이크 프라임을 선택하여 수업에 활용하였다. 두 가지 교구의 경우 실제로 수업한 사례가 있기 때문에 구체적인 설명이 가능하고 활동 예시를 보여 줄 수 있어서 중점적으로 다루었다는 점을 참고하자.

첫 번째로 햄스터봇은 개당 10만 원대의 가격으로, 다양한 센서나 확장 모듈을 활용할 수 있어 수업 활용 범위가 넓다. 프로그래밍 역시 엔트리 블록을 조립하여 앞, 뒤로 간단하게 움직이거나 센서를 활용할 수 있다. 완성형 로봇이기 때문에 햄스터봇의 기능을 최대한 활용해서 다양한 활동을 구성하고 수업에 적용해 보자. 햄스터봇과 관련한 다양한 자료는 로보메이션 홈페이지(https://robomation.net/) 또는 햄스터스쿨(https://hamster.school/)을 통해 도움을 받을 수 있다.

햄스터봇 활동 모습	햄스터봇 코딩 예시

두 번째로 모듈형인 스파이크 프라임이 있다. 학생들이 직접 로봇의 모양을 조립하고 코딩하며 메이커 교육으로도 연계할 수 있고, 모터나 센서를 다양하게 활용할 수 있다. 하지만 스파이크 프라임은 엔트리에서는 코딩할 수 없으며, 스파이크 프라임 자체적으로 제공하고 있는 프로그래밍 도구를 활용해야 한다. 또 70만 원에 가까운 부담스러운 가격이 큰 단점이다. 엔트리 외에 다른 블록 기반 프로그래밍 언어를 활용한 코딩을 하고 싶거나 학교에 넉넉한 예산이 있을 때 스파이크 프라임을 구매해서 활용해 보기를 바란다.

스파이크 프라임 활동 모습	스파이크 프라임 코딩 예시
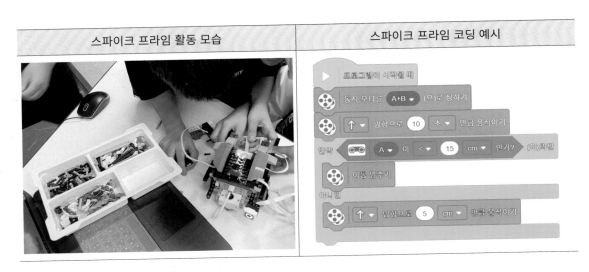	

스파이크 프라임 이외에도 피지컬 컴퓨팅 교구 회사마다 자체적으로 개발한 앱이나 프로그래밍 도구가 있을 수 있으니 꼭 미리 확인해 보고 활용하자.

22~23차시: 인공지능 로봇 코딩하기

수업 열기	▶ 다양한 인공지능 로봇 탐색하기
수업 흐름	▶ 인공지능 블록으로 로봇을 어떻게 코딩할 수 있을지 생각하기 ▶ 인공지능 모델 만들기 ▶ 인공지능 모델을 만들어서 로봇 코딩하기
수업 마무리	▶ 내가 바꾼 인공지능 로봇 코딩 발표하기

이번 차시의 핵심은 피지컬 컴퓨팅 교구를 단순하게 코딩하는 것을 넘어서 직접 인공지능 블록과 모델을 활용하는 것에 있다.

예를 들어, 아래와 같이 사람의 음성에 따라 움직임을 제어하는 기능을 로봇으로 구현할 수 있다. 또 쓰레기를 분류할 수 있는 인공지능 모델을 만들었다고 생각해 보자. AI 카메라로 쓰레기를 인식하면 인공지능은 학습한 대로 쓰레기를 분류할 수 있다. 분류한 결과에 따라 로봇을 움직여서 쓰레기를 알맞은 위치로 옮겨 놓을 수 있게 코딩하는 것이다.

인식 블록을 활용한 햄스터봇 움직임	쓰레기를 분리수거하는 햄스터봇
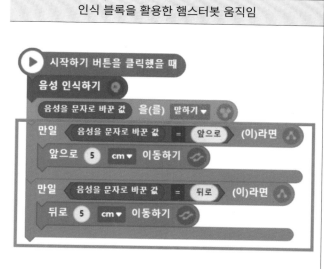	

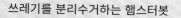

또 얼굴 인식 기능을 활용해 보자. 햄스터봇이 얼굴을 인식하여 감정에 따라 LED 불빛의 색깔이 다르게 나타날 수 있도록 코딩할 수 있다. 더 나아가 좋은 말과 나쁜 말을 분류하는 텍스트 모델을 만들어도 좋다. 인식한 말에 따라 햄스터봇을 기분 좋게 빙글빙글 돌게 코딩할 수 있을 것이다.

예쁜 말과 나쁜 말을 분류하는 햄스터봇	텍스트 분류 활동 모습

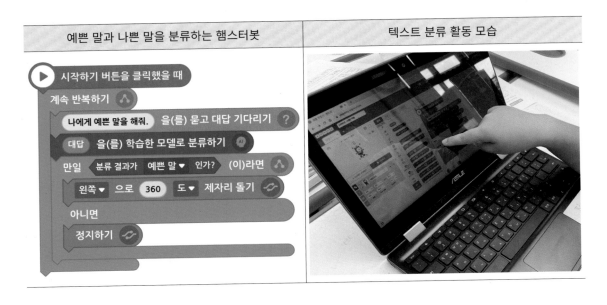

<창작물 만들기> 로봇과 함께하는 인간의 삶

24차시: 삶에 필요한 인공지능 로봇 상상하기 – 활동지 ⑤

수업 열기	▶ 인공지능 로봇이 인간에게 어떤 피해를 줄 수 있을지 생각하기
수업 흐름	▶ 사람들에게 도움을 주는 인공지능 로봇 조사하기 ▶ 삶에 필요한 인공지능 로봇 상상하여 표현하기
수업 마무리	▶ 내가 상상한 인공지능 로봇 작품 공유하기

이제 나만의 인공지능 로봇을 상상해 볼 것이다. 앞선 차시와 달리 프로그래밍, AI 기능, 로봇 교구 활용 등 사전 학습이 충분히 이루어졌기 때문에 인공지능이 도움을 줄 부분에 대해 구체적으로 상상하도록 수업을 구성한다. 사람들에게 도움을 주고 있는 다양한 로봇을 조사하고, 조사한 로봇에 인공지능을 활용한다면 사람들에게 어떤 도움을 줄 수 있을지 상상해 볼 수 있다. 이미 개발한 인공지능 로봇을 조사해도 좋다.

조사한 내용과 지금까지 활용한 인공지능 관련 내용, 인공지능 로봇 프로그래밍 관련 내용을 떠올리며 사람들에게 도움을 줄 수 있는 다양한 로봇은 어떤 모습일지, 어떤 기능이 있을지 등을 다양한 방법으로 표현해 보자.

인공지능 로봇 이름: (　　　　　　　　　　　　　　　　　　　　)

[그림으로 표현하기]

로봇의 기능 (인공지능 기술)	인간에게 줄 수 있는 도움

1장

2장

3장

4장

5장

5장. SW · AI와 함께 떠나는 디지털 여행

25차시: 나만의 인공지능 로봇 코딩 설계하기 – 활동지 ⑥

수업 열기	▶ 인공지능 로봇 코딩 활동 떠올리기
수업 흐름	▶ 내가 상상한 로봇의 기능을 구현하기 위해 어떤 블록이 필요할지 생각하기 ▶ 기능을 구현하기 위해 인공지능 블록을 어떻게 코딩해야 할지 설계하기
수업 마무리	▶ 나만의 인공지능 로봇 프로그래밍 설계안 공유하기

이번 차시 활동은 사람들에게 도움을 줄 수 있는 인공지능 로봇을 개발한다면 어떻게 블록 코딩으로 구현할 수 있을지 설계하는 활동이다. 직접 코딩을 하는 것이 아니라 코딩을 하기 전 준비하는 단계로 내가 상상한 로봇의 기능 구현을 위해 어떤 인공지능 블록을 사용해야 할지 생각해 보는 것이다.

필요한 로봇:	
인공지능 로봇 기능	**필요한 블록 (인공지능 블록 포함)**

[프로그래밍 순서]

아직 학생들 입장에서 자신이 상상한 모든 기능을 프로그래밍으로 구현하는 것은 어려울 수 있다. 따라서 이미 구현되어 있는 로봇의 기능에 추가적으로 인간에게 도움을 줄 수 있는 부분을 고민해 보도록 한다. 예를 들어, 햄스터봇의 움직이는 기능에 인공지능으로 장애물을 인식하는 기능을 추가하는 방식처럼 말이다.

학생들은 만들고자 하는 인공지능 로봇의 기능을 위해 필요한 블록을 탐색한 후 프로그래밍 순서를 표현해 보도록 도와주면 후속 차시 활동을 할 때 훨씬 도움이 될 것이다.

26~27차시: 나만의 인공지능 로봇 코딩하기 [평가]

수업 열기	▶ 내가 설계한 인공지능 로봇 코딩 떠올리기
수업 흐름	▶ 로봇과 교육용 프로그래밍 도구 연결하기 ▶ 설계한 내용을 바탕으로 엔트리를 활용하여 인공지능 로봇 코딩하기
수업 마무리	▶ 완성한 코드에 오류가 없는지 점검하기 ▶ 내가 완성한 로봇이 잘 작동하는지 확인하기

　이제 앞서 배운 모든 내용을 종합적으로 활용해 볼 차례이다. 본 도서에서는 햄스터봇을 활용한 수업 사례를 설명하고 있지만, 학교 상황에 맞게 교구는 변경해도 된다.

　학생들의 프로그래밍 수준에 따라 짝 프로그래밍으로 진행해 보자. 짝 활동이나 모둠 활동을 하면 서로의 생각을 공유하는 과정을 통해 더 완성도 있는 산출물이 나올 수 있으며, 역할을 나눠서 하게 되면 시간도 절약할 수 있다. 설계 단계부터 모둠 활동이나 짝 활동을 해도 좋지만 여러 가지 생각을 모으기 위해서 개별 활동으로 먼저 진행하고, 이후에 직접 코딩을 해서 프로그램을 완성하는 단계에서는 함께 코딩하는 활동으로 진행해도 좋다.

　교사는 학생들이 활동하는 중간에 적절한 피드백을 제공하거나 어려움을 느끼는 학생들이 코드의 오류를 찾고 알맞게 수정할 수 있도록 지도해야 한다.

사람들의 미술 작품 감상을 도와주는 인공지능 햄스터봇 도슨트

스파이크 프라임으로 인공지능 로봇 만들기

스파이크 에센셜로 인공지능 로봇 만들기

AION으로 인공지능 코딩하기

네오봇으로 인공지능 로봇 만들기

카미봇으로 인공지능 코딩하기

메이키메이키로 인공지능 코딩하기

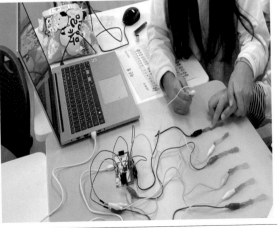

[평가]

성취기준	평가 요소	평가 방법	평가 기준		평가 시기
[6실노벨SW·AI-01] 절차적 사고와 소프트웨어의 기초적인 이해를 바탕으로 생활 속 문제 해결을 위한 프로그래밍을 할 수 있다. [6실노벨SW·AI-04] 인공지능과 데이터의 관계를 이해하고 다양한 문제 해결을 위해 소프트웨어와 인공지능을 올바르게 활용하는 방법에 관심을 가진다.	인공지능과 로봇을 활용한 프로그램 만들기	[문제 해결 수업] 생활 속 문제 해결을 위한 프로그램을 만듦. 인공지능이 삶에 미치는 영향을 알고 인공지능을 활용한 로봇 프로그래밍에 관심을 가짐. [산출물]	매우 잘함	인공지능과 코딩에 대한 정확한 이해를 바탕으로 삶의 문제 해결을 위한 로봇 코딩을 할 수 있다.	7월
			잘함	인공지능과 코딩에 대한 이해를 바탕으로 삶의 문제 해결을 위한 로봇 코딩을 할 수 있다.	
			보통	인공지능과 코딩에 대한 이해를 바탕으로 삶의 문제 해결을 위한 로봇 코딩을 도움을 받아 할 수 있다.	
			노력 요함	인공지능과 코딩에 대한 이해를 바탕으로 삶의 문제 해결을 위한 로봇 코딩을 하지 못한다.	

28차시: 디버깅 및 발표 준비 – 활동지 ⑦

수업 열기	▶ 내가 코딩한 인공지능 로봇의 부족한 부분 생각하기
수업 흐름	▶ 내가 코딩한 인공지능 로봇을 어떻게 발전시킬 수 있을지 생각하기 ▶ 내가 코딩한 코드의 오류를 수정하거나 더 발전시키고 싶은 부분을 추가하여 코딩하기 ▶ 내가 개발한 인공지능 로봇 발표 준비하기 (발표 자료 만들기)
수업 마무리	▶ 인공지능 로봇 프로그램 최종 점검하기 ▶ 발표 자료 검토하기

학생들이 만든 인공지능 로봇은 당연히 부족한 점이 있을 수밖에 없다. 따라서 더 발전시키고 싶은 점을 나누어 보는 디버깅 차시를 운영할 것을 권한다. 또 로봇이나 인공지능 기능의 정확도도 중요하지만 어떤 문제를 해결하려고 했는지 이야기를 나누는 것이 활동의 중점이 되어야 한다.

디버깅 과정을 거친 후에 인공지능 로봇 발표회를 위한 소개 자료를 만들어 보자. 아래와 같은 형태의 활동지에 글을 작성하여 친구들에게 보여 주거나 읽을 수 있다. 필요하다면 구글 슬라이드나 캔바 등 발표 자료 제작 도구를 활용하여 발표 자료를 만들어서 발표하는 시간을 가져도 좋다. 발표 자료 제작은 국어, 미술 교과 등과 연계하여 시수를 확보할 수 있다. 이때 모둠 발표 방식을 활용해서 활동지, 발표 자료, 발표 담당 등으로 역할을 나누는 것도 가능하다.

1. 내가 만든 로봇의 기능과 제작 이유를 써 봅시다.	
로봇의 기능	
제작 이유	

2. 내가 만든 로봇의 좋은 점과 아쉬운 점을 써 봅시다.

좋은 점	
아쉬운 점	

3. 발표회를 위한 역할을 나누어 봅시다.

역할				
이름				

<이야기 바꾸어 쓰기> 우리가 꿈꾸는 미래 모습

29~30차시: 인공지능 로봇 발표회 – 활동지 ⑧

수업 열기	▶ 준비한 발표 자료 검토하기
수업 흐름	▶ 인공지능 로봇 발표 세션 나누기 ▶ 발표회를 위한 발표 자료 및 로봇 프로그램 설치하기 ▶ 자유롭게 돌아다니면서 작품 공유하기
수업 마무리	▶ 가장 인상 깊은 친구의 작품 발표하기 ▶ 친구의 작품을 보고 내 작품을 어떻게 바꿀 수 있을지 생각해 보기

내가 완성한 인공지능 로봇 프로그램을 발표하는 시간이다. 서로의 작품을 공유함으로써 아이디어를 발전시키고 새롭게 나아갈 수 있다.

발표회는 다양한 방법으로 할 수 있으나 본 도서에서는 작품별 세션을 만들어 자유롭게 공유하는 방식을 제안한다. 로봇 발표회의 형태는 학급 상황에 맞게 선택하자. 개별 발표로 진행하면 다른 친구들의 작품에 대해 자세히 들을 수 있다는 장점이 있다. 또 디지털 기기를 활용할 수 있다면 발표 자료를 함께 띄워 두는 것이 더욱 가시적일 것이다.

서로의 작품을 감상하고 난 후에는 가장 기억에 남는 작품을 떠올려 보고 새롭게 배운 아이디어를 작성할 수 있도록 하자. 이 과정을 통해 산출물 공유의 효과를 극대화할 수 있다.

1. 친구들의 로봇을 감상하고 평가해 봅시다.		
이름	좋은 점	더 발전시킨다면?

2. 수업 후 느낀 점을 작성해 봅시다.

스파이크 프라임 인공지능 로봇 발표회

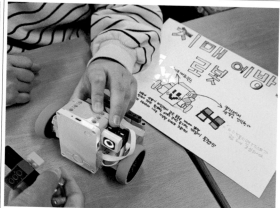

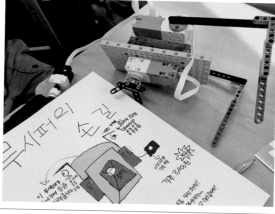

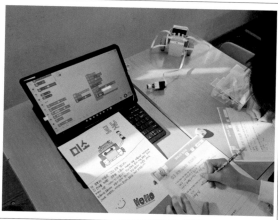

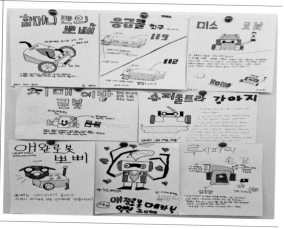

31~32차시: 내가 만든 인공지능 로봇으로 이야기 표현하기 - 활동지 ⑨

수업 열기	▶ 지금까지 배운 내용 정리하기 (활동 정리하기)
수업 흐름	▶ 내가 만든 인공지능 로봇으로 세상이 어떻게 달라질지 상상하기 ▶ 《로봇 친구 앤디》처럼 내가 만든 인공지능 로봇이 친구가 된다면 어떤 일이 발생할지 이야기 쓰기 ▶ 이야기 발표하기
수업 마무리	▶ 인공지능과 함께하는 미래 세상 꿈꾸기 ▶ 인공지능과 로봇을 윤리적으로 활용할 것을 다짐하기

1~2차시에서 읽었던 《로봇 친구 앤디》 책과 연계하여 앤디처럼 내가 만든 인공지능 로봇이 내 친구가 된다면 나의 삶이나 사람들의 삶이 어떻게 바뀌게 될지 상상할 수 있다. 상상한 내용을 글로 써서 표현하고 '로봇 친구 앤디'의 이야기를 바꿔서 써 보자.

또 내가 만든 인공지능 로봇뿐만 아니라 발표회를 통해 알게 된 친구들의 인공지능 로봇도 함께 추가하여 이야기를 더 풍성하게 만들어 보자. 노벨 엔지니어링에서 이야기를 바꾸어 쓰는 활동을 통해 책 속에서 발견한 인간 삶의 모습을 다른 방향에서 볼 수 있게 되며, 책 읽기 단계부터 창작물 만들기까지 일련의 단계를 정리할 수 있다.

이번 학교자율시간을 인공지능, 코딩 관련이라고 생각할 수 있지만, 노벨 엔지니어링 기반으로 인간 삶의 문제를 해결하는 것에 초점을 두었다. 노벨 엔지니어링을 기초로 한 SW·AI와 함께 떠나는 디지털 여행을 통해 디지털 시대로 전환하고 있는 이 시대의 흐름에 맞는 역량을 갖춘 학생으로 성장할 수 있기를 기대한다.

내가 만든 인공지능 로봇이 친구가 된다면 어떤 이야기가 펼쳐질지 글로 써 봅시다.

1) Wing, J. M. (2006). Computational Thinking. Communications of the ACM, 49(3), 33-35
2) 교육부 (2015). 2015 개정 실과 교육과정.
3) 한선관(2020). 인공지능교육 표준 프레임워크1: 인공지능 교육의 방향. 한국 인공지능교육학회 보고서.
4) 교육부 (2022). 2022 개정 실과 교육과정.
5) https://youtu.be/-IJjcP9ApUs?feature=shared
6) Chat GPT 이미지 생성
7) Chat GPT 이미지 생성

스토리텔링 디지털 AI
학교자율시간

2025년 2월 10일   1판   1쇄   발 행
2025년 2월 17일   1판   1쇄   발 행

지 은 이 : 송해남·전혜린·김태령·이정원

펴 낸 이 : 박   정   태

펴 낸 곳 : **주식회사 광문각출판미디어**

10881
파주시 파주출판문화도시 광인사길 161
광문각 B/D 3층
등   록 : 2022. 9. 2 제2022-000102호
전 화(代): 031-955-8787
팩   스 : 031-955-3730
E - mail : kwangmk7@hanmail.net
홈페이지 : www.kwangmoonkag.co.kr

ISBN : 979-11-93205-47-1   03370

값 : 16,000원